纪念毛泽东同志诞辰130周年

风起

陕甘宁

韩毓海 著

生活·讀書·新知 三联书店

图书在版编目（CIP）数据

风起陕甘宁 / 韩毓海著. —北京：生活·读书·
新知三联书店，2023.11 （2025.10 重印）
ISBN 978-7-108-07758-5

Ⅰ.①风… Ⅱ.①韩… Ⅲ.①中国共产党－地方组织－
党史－陕北地区 Ⅳ.① D235.41

中国国家版本馆 CIP 数据核字 (2023) 第 215419 号

责任编辑 张 龙
装帧设计 康 健
责任校对 张国荣
责任印制 董 欢
出版发行 生活·讀書·新知 三联书店
　　　　　（北京市东城区美术馆东街 22 号 100010）
网　　址 www.sdxjpc.com
经　　销 新华书店
印　　刷 北京中科印刷有限公司
版　　次 2023 年 11 月北京第 1 版
　　　　　2025 年 10 月北京第 6 次印刷
开　　本 880 毫米 × 1092 毫米 1/32 印张 8.25
字　　数 145 千字
印　　数 34,101－36,100 册
定　　价 58.00 元

（印装查询：01064002715；邮购查询：01084010542）

目 录

序

一个偶然的机会结识了韩老师，由共同的历史兴趣爱好与读书人的清议宏论谈开去，越谈越深，谈得兴起，问及他拟出版的或拟再版的作品，他拿出了《风起陕甘宁》。

《风起陕甘宁》，聚焦的内容是作者2020年秋天在榆林回望中国革命。书名进而内容，抓住了我，震撼了我。时间：2020年秋天，中华民族不可逆转的伟大复兴进程中，一个收获的金色时节。地点：榆林，黄土高原，年降水量400毫米，历史上农耕世界与游牧世界的交汇点，文化碰撞，雄浑厚重。话题：以一场时空之旅，在"延安十三年"的背景下，看黄土文明遗风与中国革命作风的激荡与结合。主题：中国共产党人精神气质、意志品格的由来与走向，不论走多远，它都在我们的心底奔涌、在我们的上空闪烁，让我们成为大写的人、全面的人、真正的共产党人。

这本书读来有三点感受最为强烈，就是"散与聚、杂与专、情与理"交织贯通，充满着辩证统一。从容自如，大气而不拘泥，灵动而透着深刻，是本书精神实质与表达风格的主基调。

一是散与聚。

看似散漫、实则神聚。沿着"陕北既是中华文明的发源地，又是中国革命的圣地"这一话题，跨越中外，纵横古今，上天入地，但都紧紧聚焦于共产党人的精神、意志与战略、思维。

书中，韩老师引用钱穆先生的观点：一个民族可以说是民族精神的产物，而黄河就代表着中华民族的民族精神。这个精神的特点，就是激流勇进——在激流中拼搏前进。

韩老师带着自己的思索与探究，走访了榆林市的横山、吴堡、米脂、绥德这些充满传说的地方，接触了鼻音浓重、庄重幽默、保守浪漫的陕北人。

陕北人有其独特的性格，那是兼具草原的奔放与中原的保守为一体的性格，是兼具高原的自由与黄土的局促为一体的性格。陕北的革命者，是有着这样一种特殊性格的革命者，他们不乏理想但更为实际，热爱斗争却又重视人情，坚强但又宽厚，思想很现代但却看起来土里土气、土头土脑，充满了辩证法。辩证法，这是中华文明最好的东西，也是在中国西部保存最顽强的东西。

作者继续生发开去。谈及"一代学术奇人"陈寅恪曾从历史与战略的角度，重新发现了陕甘宁这个地方与中华民族命运的深刻联系。陈先生坚信"读史早知今日事"，"用学问讲政治"。他主张在公元3世纪到6世纪罗马帝国灭亡、西晋灭亡的"天下大乱"中，走出当时历史大变局的，正是陕甘宁地区胡汉贵族融合形成的充满血性的新领导阶级、胡汉文化融合形成的开放进取的新贵族文化、胡汉制度融合吸纳形成的新的"关陇制度"。

作者继续挥洒笔墨，得心应手地展开去。书中提出党内有两个天才智囊，一个是哥伦比亚大学经济史博士冀朝鼎，一个是京都大学经济学部博士王学文，如果讲中国共产党的经济学，就不能离开这两个人。

1937年王学文到延安，曾担任过日本工农学校校长，教授马克思主义经济学。多年之后，这所学校的日本学生香川孝志和前田光繁深情地回忆起王学文：有课的日子，他总是光脚穿着草鞋，头戴草帽，沿着宝塔山的山路上来。1979年7月访华期间，他们再次见到了84岁高龄的王学文老师，随后他们将一直珍藏着的当时记录的授课笔记寄给了王老师，此件现存中国人民革命军事博物馆。重读王学文的旧作，不由得让人们生出很多感慨。

资产阶级经济学认为，人的价值，商品的价值，是由外在的市场—供给—需求—预期决定的，而马克思主义经济学则认为，人的价值，商品的价值，是由人的劳动、生产与实践决定的。前者讲外在的环境塑造了人的价值，后者讲人作为劳动与实践的主体，塑造了世界与人本身。只有抓住这一精髓，方才可以懂得毛泽东所概括的经济工作的"四面八方"。"四面"其实就是指生产、消费、分配、交换（流通）四个方面，"八方"则是与上述四个方面相联系着的各个社会主体、社会各阶层，指工人、农民、工商业者、投资者等。根据这一精彩的"四面八方"说，把马克思主义讲成唯生产力论不对，是一种庸俗化；把马克思主义讲成阶级斗争、打倒一切更不对，是教条化。毛泽东所概括的"四面八方"，可谓神来之笔，这才是用最精彩的中国语言，讲最深刻的马克思主义原理。

作者感叹，马克思主义为什么行、中国共产党为什么能、社会主义为什么好，理由当然有很多，一个关键就是中国共产党致力于把马克思主义基本原理与中国实际和中华文化优秀成分结合起来，就是毛泽东、周恩来手下有许许多多王学文这样的能人、赤脚的教授，一步一个脚印地把自己的学问与黄土地连接到一起。

至此，本书的主题主线又聚拢回来。

二是杂与专。

阅读本书，作者与作品、结构与文体似乎都难以分类。文学？但通篇以史而述。史学？文字表达渲染而飞扬。政治经济学？却又以文史来论"不平衡发展"、以历史地理来讲政治经济。党史研究专著？但也可作为一部非虚构作品来读，集艺术性的"红色叙事"和个性化的"重大主题表达"于一身。于是，看似杂家、实则专家，以多方面的专业知识、独立思考、个性表达融汇成一个新的"专"，自成一家之说，而这也成为本书独特魅力之所在。我所担心的，只是韩老师这套观点与话术不太好传承而已。

比如，书中的"'生活'与'优良生活'"一节，起首一句竟是灵魂之问："什么是政治与治理的最高境界？"于是，由亚里士多德所谓的"城邦的优良生活""良风美俗"谈起，直到有着"乡绅乡贤"的互助合作的中国传统乡村生活；由中国的"良风美俗"植根于乡村共同体谈起，论及"中国式现代化"进程中社会化大生产与小生产的结合。读到这里时，竟也激发我突然"杂乱无章"地想起一个有点"高精尖"的专业问题：如果我们有效地控制了资本的野蛮生长，形成了良性有序的网络空间，网络平台代表的"社会化大生产组织力"和小微企业、创意人才、快递小哥代表的"小生产活力"结合起来，那会是一个什么局面呢？

比如，第一篇从毛泽东曾住过四个多月的杨家沟讲起，但作者观察和入笔的维度与众不同，从而触发了一个新的话题。那就是杨家沟其实是个屹立百年的小城堡，名叫扶风寨。扶风寨是典型的"坞堡"建筑。所谓村，起初就是寨，也是魏晋时代的"坞堡"，当时人民自相纠合，据险自守，以避戎寇盗之难。"坞堡"与基层的邻、里、党制度，成为中国"大一统"的重要基础。这个基础组织形式一直最顽强地保留在西北。这是中国传统文化的一个重要特色。从一定意义上讲，农村武装割据的历史就此开始。作者给出点睛之笔："以农村包围城市"这一天才学说，并非凭空产生，而是有着极为深刻的历史内涵。

比如，在第二篇中讲到冀朝鼎。这个父亲曾任山西司法厅厅长和教育厅厅长的名门之后、"自我扬弃的主人"，这个年仅13岁便考入清华学校、五四运动中被抓的最小的学生，1929年哥伦比亚大学博士论文《中国历史上的基本经济区与水利事业的发展》在美国政界与学界产生了相当影响。这篇文章把马克思论述过的"亚细亚所有制形式"问题讲得很透彻，提出了"中国基本经济区"的范畴，认为统一的基础、中央集权的基础，就在于中央能够建设并有效控制基本经济区；基本经济区建设，主要是靠水利与交通建设达成的；分裂与割据，一方面在于基本经济区的争夺，另一方面则在于地方建设造成的基本经济区的扩大与转移；古代中国的所谓国家能力，就是控制与建设上述基本经济区的能力。导出的结论，就是只有通过重建中华民族共同体，才能战胜"数千年未有之大变局"。

于是，作者自问自答，重建中华民族共同体，出路在哪里？回答了这个问题的是毛泽东领导的中国革命。简而言之，毛泽东的革命不仅是一场阶级革命，更是一场文明革命、文明复兴。有了这样的视野，就可以再来看毛泽东转战陕北的历史意义。毛泽东和共产党人，就是这样以骑马或徒步的革命，实现了草原文明与中原文明"接合带"的革命化。从一定角度看，波澜壮阔的中国革命，与中华文明形成和发展中以草原山地文明包围基本经济区、占领基本经济区，并最终形成一个新的治理体系的过程，是内涵一致、有机契合的。中华文明在这两大区域的融合中，不断走向复兴。"望长城内外，惟余莽莽；大河上下，顿失滔滔"，那是把我们带进空间与时间、宇宙与历史之中的何等的想象力。而作者也常常是在有限的空间中、具体的场景下，把我们引向宏阔的历史，延伸出某种无限的遐思。

比如，第二篇"大地上的学问"，从各种关于共同体的论述展开去。作者指出了马克思的一个论断：共产主义是联合起来的工人阶级共同体，去掌握机器体系，是工人阶级的劳动共同体支配机器，而不是机器支配人类社会。接下来，作者又是一个神来之笔，以他特有的跨越时空的思维与逻辑，再次宕出"神来之笔"："用今天的话来说，数字技术、人工智能是重要的，机器人是重要的，正如华为是重要的一样，而真正重要的是，机器体系掌握在谁的手里，资本掌握在谁的手里，于是，最重要的在于马克思手稿里的最后一句话，即新的人类命运共同体。"马克思从水利与定居，战争与贸易，劳动、技术与资本几个方面，深刻描述了人类共同体的不同形式，而我们要真正地理解这些艰深的理论，只有去深刻地理解伟大的中国革命、中国道路。什么是中国道路？作者以第二篇的标题回答了这个问题。中国道路，就是"把学问写在中国大地上"。

做学问可以旁征博引，也可以庞杂琐细，有思考有见地或能够给人启发就好；但务必要专，要深入扎根在我们脚下的黄土地上。

三是情与理。

作品饱含着炽烈的情，阐述了革命的理，带着我们从原理的角度，去重新思考什么是政治、什么是革命，去重估"为了真理而斗争"这句话的起源，去讴歌自由与人性："自由还意味着：人是为了真理、为了信念，可以主动结束自己生命的一种存在。"

陕北的性格，既融入了此前中国革命的风格，也重塑了中国共产党、红军和中国革命的性格，使得革命者的性格中，既闪耀着理想主义的光芒，又具有了黄土地的宽厚与博大，既有了毫不妥协的斗争意志，又有了同志式的温暖和浓烈的人间情怀。正如横山信天游里唱的，"三号号的盒子红绳绳，跟上我的哥哥闹革命。你当红军我宣传，咱们一搭里闹革命多喜欢"，多么浪漫，何等多情，既慷慨激昂又婉转曲折。作者就是通过一个个生动的具体描述，通过一些极富画面感的场景，牵着我们感同身受地重返历史现场，塑造出真实立体、有血有肉、可亲可敬的党的形象。

书中第三篇是由榆林的"接引寺和波罗堡巍然屹立"讲起，展开对古今中外志士仁人放下自我、献身革命、救苦救难的思考。"什么叫做人的境界，什么叫为人的觉悟？什么才是真正的社会精英？什么才是'书生意气'？这些确实是问题。思考这些问题，我认为从来没有过时，也不会过时。"于是，他从打破"从来都是鞋匠造反，要做老爷；当今却是老爷们造反，为的是要做鞋匠"这一传统的俄国十二月党人，讲到了1946年10月解放战争初起胜负未定之时陕西望族胡景铎、胡希仲叔侄毅然在榆林横山波罗堡通电起义的壮举。

习仲勋与胡家叔侄同窗共读结下一生的情谊，正是在习仲勋的"接引"下，胡家叔侄走上了为人民求解放的革命道路。正是陕北这块热土上的"乡党气节"、家国情怀的"情"，与科学真理、革命学说的"理"结合起来，融会贯通、一朝觉悟，胡家叔侄如此，中国革命也在陕北寻求到了走上光明、美好世界的"大智慧"。

作者一直在探究，中国共产党、中国革命为什么能成功。当然，这是因为有理想信念、有铁的纪律性。一个坚强的党，一个坚强的领袖，一个坚强的组织原则，这就是共产党成功的法宝，是第一法宝。但只有这个还不够，我们党还有第二个法宝，就是实事求是。这是毛泽东思想的精髓，能讲辩证法、"会拐弯"。毛泽东在杨家沟说过，我们这个党，一旦顺利些，就要犯"左"的错误；一旦受挫，就要犯右的错误，我们什么时候做到不"左"也不右，做到团结、紧张、严肃、活泼，我们党就真的成熟了。

历史的理与人间的情总会交织的。

读罢，想起韩老师的另一部成名之作《一篇读罢头飞雪，重读马克思》，他拍案激赏马克思不仅是思想革命的大师，也是文体革命的大师，盛赞《路易·波拿巴的雾月十八日》开创了把政治史、经济史、社会史和文化史熔为一炉的综合视野，盛赞把思想与激情、知识与才华、庄严与诙谐、逻辑思维与形象思维熔为一炉的叙述方式，感叹有知识的人不一定有思想，有思想的人不一定有才华，而把知识、思想、才华如此高度地凝练起来，这就是马克思的风格。我私下忖度，韩老师从内心深处是把马克思作为导师，是一个"马粉"，可能马老师的表述风格也会自觉不自觉地影响到韩老师。

在紧张的工作与学习之余，翻翻这本书，看看这本内容丰富、境界宽阔的"主题读物"，回顾下历史、重燃下激情，引发我们的一咏三叹，定当有些教益。

读了《风起陕甘宁》，感触颇多，很发了些议论，我和韩老师的一位朋友就鼓动我把它写出来。拉拉杂杂地写了这许多，蒙韩老师不弃，是为序。

黄志坚

2023 年 6 月端午

第一篇　杨家沟

1947年12月25日，毛泽东在米脂杨家沟发表《目前形势和我们的任务》的报告，提出了中国历史的转折点、中国革命的转折点。

一天之后，毛泽东在小小的杨家沟，迎来了55岁生日。

杨家沟虽小，但在历史上很重要。就因为大历史，是在这个点上发生转折。

因缘际会，我每次去瞻仰毛主席故居，必逢雨雪。

2020年8月6日，榆林市委党史研究室任强同志安排我去杨家沟参观，出门就下雨，他说，陕北的雨，都下不大，凡是干旱的地方，雨都下不长，结果是——他这陕北人的经验主义犯错误。雨哗哗下了一天，是瓢泼大雨，快到杨家沟，雨大得看不清前方，土生土长的驾驶员都迷了路。杨家沟纪念馆的馆长，一名女同志，因为急着来迎我们，车掉沟里，好在人没事，小任同志和我淋成了水鸭子。当时我就想，毛主席转战陕北那会儿，没车，那时他已经是55岁的人，冒着大雨行军，那场面真是波澜壮阔。

今天看来，一场醍醐灌顶的雨，对我学习党史、研究中国共产党，作用很大。

回来后，陕北的朋友给我买了双新鞋，把灌满水的鞋换了，一口气吃了三碗榆林羊肉面，吃得烧心，躺着睡不着，想了很多——主要想中国共产党、中国革命为什么能成功。

首先是有理想信念，有铁的纪律性。

中国共产党是列宁主义政党，世界上夺取政权的共产党，其实都是列宁主义党。马克思虽然是我们的祖宗，但他没有造出列宁那种党，没有通过这样的党夺取政权、建立政权。

列宁主义党的原则，简而言之——少数服从多数、下级服从上级、全党服从中央，思想路线是纲，团结在真理的旗帜下——历史证明，这一招最灵，一个坚强的党，一个坚强的领袖，一个坚强的组织原则，这就是共产党成功的法宝，是第一法宝。

党苦难辉煌发展到今天，除了列宁主义原则之外，还有第二个法宝。

第二个法宝，简而言之，就是实事求是，实践是检验真理的唯一标准。《关于建国以来党的若干历史问题的决议》指出，实事求是是毛泽东思想的精髓。

这个精髓，反映在革命者的性格上，就是灵活性、实践性、坚韧性、长期性以及策略性，而其中的根本，就是毛主席说的"会拐弯"，能讲辩证法，在坚持真理的同时，能够不断修正错误。

苏联等世界上的列宁主义党，凡是能成事的，首先都是因为坚持列宁主义原则，而它们犯错误，最终垮台，则是对于实事求是、解放思想、批评与自我批评知道得少，不讲乃至不懂得实践是检验真理的唯一标准，其突出特点是不讲辩证法，不坚持从问题出发，不实事求是，十分僵化。

理想信念最重要，但实事求是同样重要。读了马克思的书，在列宁主义原则下建了党，但还得明白枪是能打死人的，人是要吃饭的，革命是要有地盘的。如果不明白这些，那就半点马克思主义都没有。

在中共七大预备会议上，毛主席说，不能不断修正错误，就不能不断坚持真理。

党史告诉我们，一个坚强的党，如果没有坚定正确的政治方向，那就站不住；如果没有灵活机动的战略战术，那还是走不远。

艰苦奋斗是力量，力量来自坚强的信念、领导力，但磅礴的力量，也来自活力、韧性和生命力。

坚定正确的政治方向、灵活机动的战略战术、艰苦奋斗的工作作风，这三者必须紧密结合在一起。

夺取政权，与巩固政权、长治久安，不是一回事。革命胜利之后，考验一个政权的，是活力，是长久的生命力。

对于共产党人来说，坚持纪律、坚持原则、坚守理想信念，这是第一位的，但是，坚持问题导向、坚持辩证思维、坚持系统观念——坚持民主、坚持批评与自我批评、不断修正错误，这同样也是第一位的。

真正使我们的事业取得胜利，靠的就是坚持真理、修正错误这两个方面，而这两个方面，必须统一，一个也不能少。

毛主席说过，我们这个党，一旦顺利些，就要犯"左"的错误；一旦受挫折，就要犯右的错误，我们什么时候做到不"左"也不右，做到团结紧张、严肃活泼，做到不断坚持真理，不断修正错误，我们党就真的成熟了。

"政策与策略是党的生命"——这个话，就是老人家在杨家沟说的。

一　扶风寨

1947年11月22日，毛泽东、周恩来、任弼时率领代号为"亚洲部"的中共中央机关、中国人民解放军总部共计600余人，来到了地处米脂县城东南23公里的杨家沟。毛泽东在这里住了四个月零两天，杨家沟是党中央转战陕北期间，居住时间最长的地方。

后来的研究者一般认为，毛泽东当年选择杨家沟，主要有几个方面的考虑：一是经过青化砭、羊马河、蟠龙，特别是米脂沙家店战役，当时的米脂已成为陕北的大后方；二是米脂杨家沟离黄河很近，中央可以进退自如；三是杨家沟有粮食储备，可以供中共中央机关过冬；四是杨家沟有足够的窑洞，便于召开会议，特别是有利于毛泽东主席进行研究和思考。

我以为，还有一条也很重要：共产党在米脂朋友多、基础好，杜斌丞、李鼎铭等陕北的贤人，都是米脂的。

杨家沟的主人并不姓杨，而是姓马，马家的祖居地是关中扶风。马英九的祖籍，就是扶风。杨家沟的马家，也是扶风迁来的。

杨家沟其实不是一个村，而是个百年屹立的坚固城堡，这个城堡名叫扶风寨。

清同治年间，陕西爆发回民起义，为了防范回军攻掠，马氏九世祖马国士决定集资建寨。扶风寨据险成堡，它建在一座龙头凤尾的孤山上，山称龙凤山，四周涧水绕合、三山拱围，堡上设有瞭望台、炮台、水井、供排水设施，出入道路、广场、戏台等。马国士还从左宗棠那里搞到了荷兰造红夷大炮数门，壮丁、细户以及家族子弟都配有来复枪、猎枪等武器装备。扶风寨南北寨墙均为双套城墙，各设两个寨门，南寨门为"骥村"门和"扶风寨"门。"骥村"的意思当然就是马家村，又因为马家的祖居地是陕西扶风，故堡垒名为"扶风寨"。

进入杨家沟后，中央机关住在了马豫章家的院子里。马豫章是马氏家族第十二世掌门人，1928年加入中国共产党，是中共老党员，1930年在山西太原任互济会委员，1932年任中共甘宁青特委组织委员，参与组织了兰州水北门兵变，长期在汉中、北平、西安之间做地下工作，1933年冬，协助榆林中学校长杜斌丞从事联共反蒋抗日活动。西安事变后，马豫章被杨虎城委任为肤施县（今延安）县长，毛泽东称他是"白皮红瓤"的抗日县长。

而毛泽东在杨家沟的住处，则是马家十代传人马醒民亲自设计建造的"上院"，这个院落，可谓中国建筑史上的瑰宝。

马醒民，生于光绪十六年（1890），毕业于上海同济大学，后留学日本，专攻土木建筑。学成之后，他立志回乡办基层教育。

李鼎铭，1903年考中廪生，杜斌丞则毕业于北京高等师范学校，是米脂有学问的人，马醒民是留学生，算是米脂最大的知识分子。扶风寨上院是他亲自设计、监督施工完成的，融通古今中外，是传统建筑与现代建筑的完美结合。一排窑洞分别为中式、日式和欧式，窑洞内建有洗澡间，洗澡间内设有进水孔和排水口；窑洞采用地下取暖，地板下面都是空的，设有走烟道，从外面窗下地灶烧木炭，炭烟通过烟道，使地板发热来达到取暖的目的。

当年，毛泽东站在上院城堡的大门口，曾经感叹说：这位建设者既懂得建筑，又懂得军事；既懂中国，又懂世界，是个了不起的人才。

在规划设计时，马醒民原准备在屋檐上安九个龙头，与扶风寨对面的暗九龙（九个黄土山峁）相互对应，但风水先生再三劝阻，九五之尊，九为极数，不可擅用。于是，马醒民就只安了八个龙头，而把刻好的第九个龙头埋到了院里一座窑洞的地下。

陕北多军寨，最著名的是米脂扶风寨，还有保安的石头寨。保安位于陕西的西北角，是刘志丹的家乡。1867年，甘肃的回民沿着洛河攻入保安，把保安城洗劫一空，县官逃走，三年没有继任者，临时的县衙就迁到境内唯一的安全所在——永宁山上的石头寨。

保安的永宁山是一座石头山，上山只有一条路，很容易把守，山上还有一口井，可供上千人饮水。回乱时期，石头寨是保安唯一没有被攻陷的避难所，其他山寨在被围困并切断水源后，都一一沦陷了，直到民国时期，保安石头寨还是保安县政府的避难所。

刘志丹15岁到永宁山高小念书——这里也就是从前县衙躲土匪的地方。

还有照金薛家寨——位于照金附近的石头山上，1933年成立的照金苏维埃政权的总部，就设在这里，苏维埃主席习仲勋在这里办公。

米脂扶风寨是融合了古今中外的建筑瑰宝，与扶风寨比较，陕北的绝大多数寨，其实都不过是在悬崖上凿洞，因此叫"崖寨"。当外敌进攻时，村子里的老百姓便躲进峭壁上的崖洞里，食物和水也被搬进崖洞。今天，我们在陕北各地，依然可以看到那些凿在峭壁上的百姓避难所。

扶风寨是典型的"坞堡"建筑，而这是中国建筑文化的一个重要特色，它起源于五胡十六国时代，作为中原百姓组织起来、自我保护的方式，更有着一千五百余年的光荣传统。

什么是村、什么叫寨、什么称吴堡（坞堡）？日本学者宫崎市定有一个说法。他说，在古代中国，中原的国家，就是"城郭"的国家，人民只是在劳作时离开城郭，日落时依然回城郭休息，这就是所谓"海天明月上，城郭晚烟藏"。而村落，只是在东汉后期才在北方大规模出现，这是中原人民与游牧民族对抗融合的产物。"村落"的来历主要有两个：一是来自西北游牧民族侵入和定居而形成的部落和聚落；二是为中原国家屯田所造成，"邨"的写法本身说明了它与屯田的关系。屯田不仅避免了征戍之苦，更使中原的治理体系深入边地，在边地形成伍里、乡党之制，既使军粮更为充实，更使中原郡县制度得以扩张。

中原城郭制度的基础，或者说秦汉郡县制度的基础，就是所谓基层"三长制",即五家成一邻长,五邻成一里长,五里成一党长,党就是乡。因此,在陕西方言里,"乡党"者,就是指同一组织里的成员,而这个组织,既是民事组织,更是军事组织,我在《五百年来谁著史》里曾经说到,东汉末期,保伍制度——混合军法与民法为一体的组织形式,就是中原在与游牧民族对抗交融之中,在建立和控制村落的过程之中得以推广的,通过研究村落本身所包含的融合军民的组织形式,以及它与游牧民族部落制度之间的历史联系,我们才能洞悉村的起源。

因此,所谓村,起初就是军寨,就是"屯田"的组织,也就是魏晋时代的"坞堡"。一千多年前民族大融合期间的中原人民,或者被迁徙,或者逃难而去,而剩下的那些"不能远离本土迁至他乡者,则大抵纠合宗族乡党,屯聚堡坞,据险自守,以避戎狄寇盗之难"[1]——所谓"坞"的制度文化,由此产生。而中国农村"武装割据"的历史,就此掀开篇章。

今陕北的吴堡,据说是因苻坚南征后安置吴地人口而得名(吴儿堡),但吴堡得名最直接的起源,似乎就是"坞堡"。"坞"字的原义,《后汉书·马援传》注引《字林》"小障也",也就是小型的堤坝,也有解释为"小城"

---

1 陈寅恪《桃花源记旁证》,载《金明馆丛稿初编》,生活·读书·新知三联书店,2001年,第188页。

的，而《后汉书·马援传》所记，乃是陇西太守马援为了防止羌族的侵犯而设置的"坞候"，也就是军事防御堡垒。永嘉之乱发生后，人民为了避乱，利用天然要害之地形成供集团居住的壁垒，《水经注》中说，百姓在洛水河畔构筑的一合坞，高二十丈，南、北、东三面有天然绝壁，只将西面以人力堵住，此真所谓"山下旌旗在望，山头鼓角相闻。故军围困万千重，我自岿然不动"。那时的北方，尽管到处都出现了坞，但尤以河南、陕西交界处为多。而究其原因，主要是河南与关中一带，多有既险阻又可以耕种，且有泉水灌溉之地，而这正是可以自给自足、长久支撑的理想地方。

说起"屯聚堡坞"这种武装割据的形式，其主要特点有三：一是百姓"纠合宗族乡党"，凭险而守；二是推举精明能干、有公心之坞主（堡垒户主），建立邻、里、党三级组织；三是一边战斗一边生产，此所谓"峻险厄，杜蹊径，修壁坞，树藩障，考功庸，计丈尺，均劳逸，通有无"。

上述这三条，使汉末中原、江南地区被瓦解的郡县基层组织，在西北地区得以重建。

秦汉的郡县制国家为什么会瓦解呢？最简明地说，就是因为汉以来的经济放任政策，造成了土地的集中。在土地集中的基础上，产生了官产学一体化的豪门大族，农民依附豪族，造成户籍散乱，国家丧失税收，豪门专政，瓦解了基础的邻、里、党制度，国家丧失了动员基层的抓手，以至于到了东汉魏晋，只有西北边地的坞堡、村落制度中，还保存着邻、里、党三级制度——或者说，还保留着郡县制的基础，而在广大的中原乃至江南地区，由于豪族专政，郡县制度的基础已经丧失殆尽。因此，要重建郡县制，只有走"农村包围城市""边地包围中原"的道路——这是历史的结论。

魏晋南北朝时期，真正继承了郡县制精髓的，不是奉行豪门专政的南朝，而是北朝。正是为了采用中原基层的"三长制"，北朝方才对自己的部落制度进行了彻底的改革。在北魏时代，提出均田、屯田改革的，是汉人儒生李安世，提出实行"三长制"改革；变鲜卑部落制为邻、里、党三级制度的人，则是李冲。正是因为北魏的"军镇"继了中华民族大一统郡县制的精髓，所以，西北地区方才再次成为天下统一，中华民族、中华制度复兴的源头。这就是北周、隋唐崛起于西北的原因——进一步说，这也是中国革命在西北发生转变的原因。

"与愚夫愚妇同的，是谓同德；与愚夫愚妇异的，是谓异端。"自魏晋以来，农民组织推举出来的坞主中，不少便是读书人和士大夫。从东晋的庾衮，直到被郭沫若在《甲申三百年祭》中大肆讴歌的明代书生李岩，他们都是这样的读书人坞主，他们的行为，可以说是以开仓赈济、平民教育为职责，以"替天行道"为目的，用今天的话来说，他们就是精英分子与农民群众相结合的模范，是"武装割据""上山下乡"的楷模。

郡县制、大一统的基础，就在村寨之中，就在邻、里、党三级制度之中。

南朝制度的核心是豪门贵族，而北方制度的基础是基层的"三长制"，正是这种比较，方才使史学家们敏感地意识到坞堡制度意义重大。其中最为脍炙人口的，就是陈寅恪先生在《桃花源记旁证》这篇名文中，通过绵密的考证断定：《桃花源记》虽为寓意之文，却是西晋末年以来坞堡生活的真实写照。他考证说，东晋末年，随从宋武帝刘裕远征长安的戴延之，遵照刘裕的指示实地踏勘洛水上游，因为无法到达水源而中途折返，其时他踏勘了百谷坞、檀山坞等，并且经过"桃源坞"这个地方，戴氏撰写的踏勘记名为《西征记》。刘裕当年一方面要考察的就是北方武装割据的情况，以此为全面北伐做准备；另一方面则是"寻根"——去西北，找寻郡县制的基层组织形式。

陶渊明正是取材于此，创作了著名的《桃花源记》；这也就是说，"桃源"本来实有其地，而非陶渊明的幻想，桃花源居民先世所避之"秦"，乃是扫平了北方，继而发动淝水之战的氐族苻坚之"前秦"，而不是指秦始皇的秦。真实的桃花源，应在中原文明发达之陕西的弘农（灵宝）或上洛（洛阳）一线，是在西北，而不可能在南方的武陵。

豪族对于基层组织的瓦解，是中国历史的一个问题，而基层读书人的官僚化，则是中国历史的又一个问题。后一个问题，昭示着中国基层读书人的两条道路——究竟是做官，还是做基层组织者？

北宋以来，随着科举——官僚制度的完善，这个制度的弊端——官僚主义、形式主义，特别是因追求功名利禄而造成的贪腐，也日渐暴露出来，尤其表现为士风、仕风、学风的败坏。正是随着对这条"读书做官"道路的批判与厌倦，一个觉悟逐渐在读书人中产生了，其中重要代表者就是张载。大学之道在"亲民"而不在"学而优则仕"，他的名言是"孰能少置意于科举，或相从于尧舜之域否？"。

张载是大梁（开封）人，他的父亲张迪卒于涪州任上，时诸子皆幼，不能归里，张载护送父亲的灵柩回乡，途经凤翔眉县横渠镇，就侨居在这里，故人称张横渠。

在归乡路上，张载下了一个决心：变仕风易，变士风难，变民风易，变学风难，倘若不能改变一国、一府，而可立志于改造一乡。

嘉祐二年（1057），张载登进士第，对王安石变法有所批评。他认为官僚主导的改革，很难落地基层，遑论产生好的效果，基层的事情，还是要发挥基层自身的自主性，"故圣人必以天下大事分之于人"，以使基层承担起责任。正是在横渠路上，张载的"心"变了，他产生了这样一种伟大的觉悟：中国读书人的出路不在"往上走"，而在"往下走"，这就是深入基层，深入乡里，深入群众，这条路被张载称为"为天地立心，为生民立命，为往圣继绝学，为万世开太平"。

在退居横渠期间，张载阐发周礼，提倡家风家教，试验均田，创办乡学，举办民兵，从而创立了"关学"。关学的第一特点，是"学贵致用"。对于儒学，张载尤其重视周礼。他认为家谱、家规，婚丧嫁娶的仪式，是把基层团结起来的有力纽带。由于张载的提倡，关中的风俗为之一变，张载亦谓："关中学者用礼渐成俗"，好礼，在关中蔚然成风。

张载曾任签书渭州军事判官公事。他深知宋代兵制的缺陷，兵不知将，将不知兵，战斗力低下。面对西夏的威胁，他主张恢复、实行三长邻里之法，建立军寨坞堡，使基层百姓"乐群以相聚，协力以相资，听其依山林，据险阻，自为免患之计"，既可化解基层矛盾，也可以使基层得以组织起来自保。

基层社会矛盾尖锐，这其实也是明代的治理难题，加之明太祖鼓励举报，上行下效，"访行"（组织上访的机构），"歇家"（接待会集上访者的客栈）成了大生意，遂使社会陷入"万家诉讼"的局面。凌濛初《拍案惊奇》中就描述了当时社会上的戾气横行。

平山中贼易，平胸中贼难。改变基层的风俗，是治理的要害。王阳明说，与民同心是体，施于政事是用。正德五年，王阳明治庐陵，为平民间戾气即"胸中贼"，立乡约，兴社学，申十家牌法，慎选里正三老，开基层会，调解民事争讼，以开群众会的方式彰善纠过。用开基层会的方式调解矛盾，使群众团结起来。这是对张载倡导的基层治理经验的发挥。

王阳明执政的庐陵即是吉安，这里也是共产党群众路线诞生之地。在延安时期，米脂的李鼎铭，又提出"精兵简政"，核心也是强调发挥基层组织的作用，毛泽东说，李鼎铭的这一主张，对于反对官僚主义和形式主义，有着极为重要的作用。

什么是"人心"？何谓"得民心者得天下"？"心""人心""民心"——特别是"士子之心"，这是中华文明的重要范畴，而北宋以来，士子之"心变"，被陈寅恪称为中国历史，特别是儒家思想发展中的"大事因缘"。这种被称为"心之变"的转变特别表现为，千年以降，一批读书人，由心向"仕途"、心向"功名"、心向"官府"，而转变为心向基层、心向民命、心系苍生。在毛泽东的"大历史视野"里，这种"心之变"，"以百姓之心为心""与民同心"，是中华文明的优秀成分。究竟是"往上走"，还是"往下走"，"横渠路"关乎天下兴亡。而毛泽东曾经这样说过，看一个知识分子是否是革命的，要看他是否愿意与广大劳动群众相结合。

我心即是民心，与基层百姓同心同德的人，就是贤人。杨家沟的马氏家族，就在这个文明发展的传统里。而杨家沟马氏家族十几代人绵延不绝，他们是开明绅士，也是陕北的族望，这个家族值得我们思考研究之处，其实也是"千年以降横渠路"这样的问题。

二　关于"封建"

中国革命的主题是"反帝反封建"，"地主"问题是作为"封建"与"反封建"主题的一部分而出现的，因此，要分析"地主"问题，首先要说明什么是"封建"，什么是"具有中国特色的封建"。

马克思明确地指出，不能用欧洲的"封建"来概括亚洲问题。为此，他提出了"亚细亚所有制形式"，认为与欧洲的"军事工程"不同，亚细亚所有制的基础是大型水利工程。

社会学家马克斯·韦伯提出过欧洲封建的三个特征：一、武士阶层；二、领主贡赋所有制；三、地方性统治。

与之相对，他又提出中国式封建的三个特征：一、与国家官僚制相联系；二、土地买卖与商品化；三、统一的文化秩序的维护者。

于是，与欧洲的封建军事贵族领主不同，中国的

"地主"是包纳士大夫——乡绅——商人的有机体，中国式封建是"薪俸制封建主义"，地主的收入不仅来自土地，还来自官僚薪俸与商业。究竟怎样认识地主，怎样划分地主？这是中国革命所面临的一个重要课题。换句话说，中国的历史与国情决定——如果地主不仅是土地剥削者，而且与基层社会治理者（乡里党制度）相联系，那么，其积极面与消极面就需要分析。如果地主又与读书人或者文化相联系（乡规民约、祠堂学校），问题就变得更加复杂了。而杨家沟的马氏家族，就把这个问题活生生地摆在了毛泽东与共产党面前。

明代万历年间，马家的祖宗马云风，因在榆林通往东胜、包头的驼道上搞蒙汉交易而发家致富，马云风是靠走西口拉骆驼创下的家业，十几代人下来，终于成了陕北的望族。

明代是中国历史的转折时期，其中，晋商商帮的兴起，标志着中国商业资本发展的一个高峰。马家在"走西口"的道路上崛起，积累了雄厚的商业资本，从历史上看，马家并不是依靠土地剥削发家的地主，因为其发家是靠商业资本。

近代以来，欧亚大陆贸易在帝国主义宰制下断绝，贸易道路被终止了，于是，马家方才被动地走上了土地经营的道路，即他们在历史的发展中，从商人和工商业者"退化"成了地主。

马家被动地成了地主——这就是历史的戏剧性和复杂性所在。

陕北的农业经济，与其他地方不同。比较欧洲与中国的农业经济，冀朝鼎曾经得出过这样的结论：欧洲以旱作农业为主，中国则以"水利农业"为主，欧洲封建时代农民起义主要是因为重税，而中国农民起义的主要根源则在土地问题。

奇特的是，陕北的农业经济，与欧洲有着某种相似性，而与中国广大的地区有所不同。因为降水量低，陕北属于旱作农业区，主食是马铃薯，与欧洲类似，陕北地广人稀，土地干旱贫瘠，此地最突出的矛盾不在地少，而在税重。由于产量低，明代陕北税制是九亩征一亩；清末反之，是一亩纳六亩的税；民国期间，则是三年免税，三年后以九倍税率征收，农民的应对办法是三年一到就跑路。陕北的造反，都是因为抗税，而不是因为土地不均。因为税重、地广、薄收，所以，陕北的农民并无强烈的土地需求。

道光十一年（1831），因为连续五年水灾、旱灾、霜害，禾菽无收，米脂周边各地的农民群聚杨家沟，要求出卖自家的土地，而马家坚决不愿购进土地，因为马家的祖宗很早就意识到产量与赋税的悬殊，在陕北这块贫瘠的土地上当地主，是根本没有前途的。土地产量过低，同时还要缴纳沉重的皇粮国税，因此，只有破产一条路。

但是，由于四周农民住下便不走，最终，马氏七世祖马嘉乐决定：只买农民的土地使用权，而不买所有权。就这样，为了逃避沉重的赋税，马家就把土地"使用权"与"所有权"以契约的形式分离开来——所签订的购地文约，由于只是购买了"使用权"，这种契约未经县衙门税课局盖印，因之称为"白契"。

晚清以来，土地赋税日益严重。马家就是因为领头抗税，站到了当局的对立面上，围绕着土地使用权和土地税，马家从绥德州、榆林府告到兰州陕甘总督府，历时三年，总算打赢了一场以民告官的官司。白契官司虽然大大提高了马氏家族的威望，但也使马家大亏血本，马家因此也是苛捐杂税的"受害者"。

在陕北民众心目中，马家是"反官府"的英雄。马家兴办教育，为陕北培养了大批人才，他们提倡乡里文化，是乡村共同体的领袖。而他们的财富，主要来自经商而非土地剥削，这样的人家是不是可以被简单划为"恶霸地主阶级"，是不是在土地改革中必须打翻在地、"扫地出门"呢？这样的乡绅——商人——士大夫地主，共产党人应该如何对待呢？

毛泽东认为，在蒋介石集团所代表的官僚买办金融经济统治下，马家长期以来就是中国基层社会的保护力量，在反抗买办官僚资本主义方面，他们是有人民立场的，马家拥护共产党，这是一种主动的选择，他们是共产党人的朋友。毛泽东说，马家代表的是商业资本，属于民族资产阶级，而民族资产阶级是"人民"的重要组成部分。在扶风寨的上院，毛泽东度过了他的55岁生日，那是"十二月会议"召开后的第二天，这一天，毛泽东中午吃了一碗素菜，菜没有吃完，于是晚饭吃的是剩菜。

1948年1月，毛泽东在上院与前来参加"十二月会议"的陈毅多次谈话，两位井冈山时期的老战友，围绕着人心问题，再次深入讨论了中国革命的经验与教训。

毛泽东说，我们一定要向群众讲清楚，我们不是要消灭蒋介石个人，而是要消灭蒋介石腐败集团和剥削阶级。我们现在需要解决的主要问题，就是人心的问题，十年内战没有解决这个问题，当时我们只有苏区工农群众，其他阶层都脱离了，而蒋介石的基础比较雄厚，结果是我们丢了井冈山，丢了苏区，王佐、袁文才、李文林，这些好同志，都被错杀了，当时我们犯了大的错误。现在这个问题解决了，蒋介石消极抗战，搞独裁，打内战把经济搞垮了，这三条，使他断送了国民党的江山。在日本投降时，我们还是一则以喜，一则以惧，喜的是日本投降了，惧的是优势问题、人心问题未解决，我们东西少得很，蒋介石强大，成败两个可能性还在斗争。现在好了，我们的优势已经确定了，这不是估计，而是事实。

在与陈毅的重要谈话中，毛泽东深刻阐释了一个中国革命的关键问题：如何争取人心——这里的关键，就在于区分中国基层的破坏力量与保护力量，区分土豪劣绅与开明士绅。而杨家沟的马氏家族，就是一个活生生的例证。

马家是陕北数一数二的大家族。作为工商业者，他们在旧的社会经济结构中是被压抑的；在基层，他们是社会保护力量，是有威望的开明士绅，而作为地主，他们当然是社会结构中消极、被动和落后的力量。但同时必须看到，在现代革命进程中，马家的传人却又是政治上进步的力量，在一个家族的历史中，就包含着中国社会经济结构的"左中右"——如果简单地把马家划为地主阶级，视为反动、破坏力量，那就是错误的、简单化的。

1948年3月1日，毛泽东为中共中央起草关于民族资产阶级和开明绅士问题的指示，指出：在新民主主义革命阶段，民族资产阶级中间的大多数是人民大众的一部分，他们在经济上具有重要性，他们可以参加反对美蒋，或者采取中立的态度，因此有可能和有必要去团结他们。对这个阶级的经济地位必须慎重地加以处理，必须在原则上采取一律保护的政策。否则，我们便要在政治上犯错误。对那些过去和我们合作过、现在也还同我们合作、赞成反美蒋和土地改革的开明绅士，仍应采取团结的政策。他们也是反帝反封建反官僚资本主义革命统一战线中的一分子。

毛泽东指出，我们要消灭土地剥削制度，是因为这个制度是阻碍中国生产力发展的，是阻碍民族工商业发展的，在反对土地资本与官僚资本勾结方面，我们与民族工商业者的立场是一致的。民族工商业者反对蒋介石，就是这个原因，蒋介石失去人心，这也是一个原因，但是，如果我们分不清形势，分不清敌我，也去打击民族工商业，那么，我们也会失去人心。

1948年2月27日，毛泽东在杨家沟为中共中央起草关于工商业政策的指示，严厉批评某些地方的党组织违反中央的工商业政策，造成严重破坏工商业的现象。这个指示指出，不能实行民粹主义的、"左"的政策——"政策是革命政党一切实际行动的出发点，并且表现于行动的过程和归宿。一个革命政党的任何行动都是实行政策。不是实行正确的政策，就是实行错误的政策；不是自觉地，就是盲目地实行某种政策。"

三　伟大转折

1947年12月25—28日，中共中央扩大会议（即著名的"十二月会议"）在米脂杨家沟召开，而会址就是马豫章家的客房。

此时，战争的形势已经日益明朗——由美国人运送到东北战场上的国民党精锐部队，已经被林彪的部队团团包围起来。而其余的国民党军队，再也不可能突破从山东到陕北的漫长的战线，而在国民党统治的江南地区，国民党已经没有多少兵力了，在中国大地上，共产党人已经牢牢地掌握了战争的主动权。

12月25日，毛泽东在会上作了《目前形势和我们的任务》的报告，这个报告的第一句话就是："中国人民的革命战争，现在已经达到了一个转折点。"

报告最鲜明的地方在于：毛泽东气势磅礴的"大历史"视野，他从一百多年来，中华民族、中国人民求解放道路的大视野观照当下，提出了"目前形势和我们的任务"。

毛泽东说："这是一个历史的转折点。这是蒋介石的二十年反革命统治由发展到消灭的转折点。这是一百多年以来帝国主义在中国的统治由发展到消灭的转折点。这是一个伟大的事变。这个事变所以带着伟大性，是因为这个事变发生在一个拥有四亿七千五百万人口的国家内，这个事变一经发生，它就将必然地走向全国的胜利。这个事变所以带着伟大性，还因为这个事变发生在世界的东方，在这里，共有十万万以上人口（占人类的一半）遭受帝国主义的压迫。中国人民的解放战争由防御转到进攻，不能不引起这些被压迫民族的欢欣鼓舞。同时，对于正在斗争的欧洲和美洲各国的被压迫人民，也是一种援助。"[1]

---

1 毛泽东《目前形势和我们的任务》，收入《毛泽东选集》第四卷，人民出版社，1991年，第1244页。

杨家沟是中国革命和中国人民解放战争的转折点，是中国历史的转折点，也是中国共产党和毛泽东奋斗征程的转折点。

　　什么是"转折点"？这个问题，最值得思考。

　　转折点，就是说有两种可能性，一种可能性是转向胜利，一种可能性是转向失败，而在形势大好、大趋势是转向胜利的时候，尤其需要提醒全党——可能失败。

　　毛泽东说，在这个顺利的时候，尤其需要用"可能失败"来提醒大家，不要让胜利冲昏头脑，历史反复告诉我们——我们究竟什么时候最容易失败？在形势一片大好的情况下，最容易走向失败。

　　从这样的"大历史"视野，毛泽东特别指出，这一伟大的历史转折，主要就集中体现为人心的转变。

　　毛泽东在会议上总结了中共26年奋斗的经验与教训。他说，今天我们最大的胜利，不是别的胜利，而是赢得了人心；今天最大的变化，就是人心动向发生了变化，是人民群众站在了我们一边，而蒋介石被孤立了，他失去了人心、民心、士子（即知识分子）之心。但是，我们现在只能这样说——蒋介石正在失去人心，人心有转向我们的趋势，我们绝不能说，我们已经获得了人心，更不能说，蒋介石失去人心，就等于我们已经获得了人心。

　　因此，必须从这样的角度去认识"转折点"，我们说中国革命处于转折点，不等于说处于胜利之中，恰恰相反，处于转折点，乃是处于千钧一发之际，如果稍有闪失，胜利就会转变为失败，大好局面就会如镜花水月一样丧失。

毛泽东指出，全党在这个时候，必须高度清醒地认识到"转折点"——究竟意味着什么？

紧紧围绕着"民心"这个问题，毛泽东总结了中国共产党此前26年奋斗的历史。他说，我们过去失败，主要是因为人心向背这个问题，是因为这个问题长期没有解决，所谓统一战线，一言以蔽之，就是要孤立敌人，而不是孤立自己。而我们过去的错误，也主要在于此处。

北伐时期，我们本来不孤立，但党脱离了军队，脱离了农民，因为右倾而孤立了。十年内战期间，我党的主要特点或者缺点就是"左"，因为极左，不但在城市里被孤立，造成在城市立不住，而且在农村也搞赤白对立，对中小资产阶级实行过左的政策，在农村片面地讲工人阶级利益，结果只能是把工商业很快搞垮，把基本生活也很快搞垮了。那时，我们虽然在农村还是有群众，还不能算完全孤立，但讲地主不分田，富农分坏田，把中间力量都得罪了——总起来说，是孤立了自己，而不是孤立了蒋介石，最后在苏区也站不住了。

抗战期间，我们就比较好，吸引一些政治上进步的基层开明绅士到人民政府工作，这是完全必要的，以后还要照此办理。今天，我们讲劳资两利、公私两利，这就是"不'左'也不右",我们的任务是把工人、农民、小资产阶级和民族资产阶级尽可能地团结起来,共产党必须站在最大多数的人民群众一边,而不是刻意地使人民对立起来,而且要格外注意:对学生,对知识分子,一定不要犯"左"的冒险政策,在这个问题上,延安审干,是个极大的教训。

毛泽东曾经用"五个指头"之间的关系讲中国人民,其中四个指头是工农,而一个指头,则是小资产阶级和民族资产阶级。毛泽东说,当"四个指头"真正团结起来的时候,剩下的那一个指头,就会跟着大多数一起革命,而关键在于,我们是否愿意去争取这一个指头,在中国革命走向胜利的历史关头,能否团结这一个指头,就关乎人心向背。共产党人不能小看这一个指头。

四 "只提出自己能够解决的任务"

在《〈政治经济学批判〉序言》中,马克思这样提醒革命者说:

我们判断一个人不能以他对自己的看法为根据,同样,我们判断这样一个变革时代也不能以它的意识形态为根据;相反,这个意识必须从物质生活的矛盾中,从社会生产力与生产关系的现存冲突中去解释。无论哪一个社会形态，在它所能容纳的全部生产力发挥出来之前，是决不会灭亡的；而新的更高的生产关系，在它的物质存在条件在旧社会的胎胞里成熟以前，是决不会出现的。所以人类始终只提出自己能够解决的任务，因为只要仔细考察就可以发现，任务本身，只有在解决它的物质条件已经存在或者至少是在生成过程的时候，才会产生。[1]

马克思的这些话，是毛泽东《目前形势和我们的任务》的重要出发点。

在杨家沟，毛泽东反复与陈毅谈到，我们只提出自己能够解决的任务——如果不注意这一点，我们就还是有可能犯错误，根据过去的经验，我们在形势严峻的时候，容易犯右的、妥协主义的错误，而在比较顺利的时候，则容易犯"左"的错误。现在发生的一些突出的问题，都已经充分表明：随着土地革命的深入，随着我们的胜利，这个时候我们最容易犯的错误，就是"左"倾冒险主义的错误，而这一错误的主要表现，就是极端地打击中间力量，以至于把中间力量推到敌人那里去，这样做，就是最大的"失去人心"——就像当年错杀了袁

1　马克思《〈政治经济学批判〉序言·导言》，中共中央马克思、恩格斯、列宁、斯大林著作编译局译，人民出版社，1971年，第3页。

文才、王佐和李文林，结果使革命走向失败。

在杨家沟，为什么要讲这些话？

毛泽东之所以讲这些话，就在于他已经清醒地看到土改中出现的严重的"左"的错误。毛泽东清醒地认识到，这种"左"的错误，已经大到可以葬送土地改革，葬送人民解放战争，乃至葬送中国革命的地步。

那个时候，毛泽东一面指挥打仗，指挥全国解放战争，恰恰在这个时候，一面却发现土地改革中出现了极大的"左"的倾向。这个问题如何纠正？靠谁来纠正？能不能纠正、并迅速纠正？在杨家沟，毛泽东可谓心急如焚。

土地改革运动（1946年5月到1948年5月）实际上分为两个阶段，在1947年"十二月会议"之前，全国土改是由中共中央工委主持领导的。

1947年3月，毛泽东与刘少奇、朱德在田庄镇分别，刘少奇一行过黄河到达晋绥解放区。

刘少奇去西柏坡后，康生、陈伯达留在晋绥，他们无视晋绥解放区按照中央《五四指示》，已经基本完成土改的事实，别出心裁地提出再次土改，深挖"化形地主"的四条标准，即一看现在的土地财产，二看土地财产的历史来源，三看过去现在的经营方式，四看群众态度。

在晋绥，他们推行"查三代""挖地财""搬石头""贫雇农想怎么办就怎么办"等一系列极左的、破坏性政策。随后，康生又带着他所谓的"晋绥经验"参加了1947年7月17日由中央工委主持在西柏坡召开的全国土地会议。在这次会议上，有人还编辑了"康生语录"，作为土改的经验推广。

实际上，土地改革的这个阶段，效果是极为不好的，严重地破坏了解放区的基础和基层政权，仅晋绥解放区兴县的蔡家崖——这个村子有552户，其中124户被错划为地主富农，占总户数的22.46%，大大超过了中共土改政策认定的地主不超过3%的比例。许多反对这个政策的基层干部，被撤职、审查，给予纪律处分，乃至开除党籍；对划为地主富农的，则扫地出门，交给贫农团处理。

当时的条件下，有谁敢于勇敢地站出来，像在遵义、在芦花、在阿西、在延安时期那样，纠正党内的错误呢？

当时，毛泽东以800人带着胡宗南80万大军兜圈子，西柏坡太远了，纠正土改的"左"倾错误，毛泽东能靠谁呢？

最早发现并最为深刻地认识到这个问题，且立即向党中央、毛泽东提出批评意见的，就是时任中共西北局书记的习仲勋。

习仲勋在中共中央西北局的《党内通讯》中，愤怒地揭发这种现象说，凡是被戴上地主富农帽子的，各个必斗，斗必打，打必拷。"把土改大部分的时间都站在逼地主富农的底财上"，"地主不分大中小，恶不恶，一律扫地出门，富农也十之七八扫地出门，这是毫无策略的行动"。

1948年1月4日，习仲勋就陕甘宁边区老解放区的土改问题，紧急致信中共西北局和中共中央。信中提出以下问题：

一是中农问题。老解放区已经经过了土改，在土改后，贫农经过辛勤劳动、发展生产，大部分成为中农。因此，在老解放区农村，中农是主体，是支持革命战争的主体，如果再搞一次土改，再割一次韭菜，把中农推到对立面上，那么，我们在解放区就失去了基础，革命战争就没有了依靠的力量，他形象地说，"战争是一条大河，土改震动一切，改变一切，如果土改政策过左，那河流走向一变，我们的战争就会失利"。

二是关于"贫农团"。习仲勋直言不讳地写道，"在老区，有些农村贫雇农很少。其中，有因偶然灾祸贫穷下来的，有是地、富成分下降但还未转化好的，有因好吃懒做、抽赌浪荡致贫的。故这些地区组织起来的贫农团在群众中无威信，由他们起来领导土改，等于把领导权交给坏人"。

三是关于干部政策，习仲勋尖锐地指出，许多地方，现在的工作其实只有一个，就是挖地、富底财，开斗争会，而没有人搞支前，搞经济，搞生产，搞基层组织建设，更没有人搞民生，谁不整人，自己就会被整，干部人人自危，许多积极工作的干部，丧失了工作的热情与信心。

习仲勋指出，这样的土改政策，不是使我们获得人心，而是极大地失去了人心。目前的土改政策，已经完全脱离了老区实际，脱离了最广大的群众，也脱离了干部，现在是前方打仗，后方鸡犬不宁，家家点火，户户冒烟，如不纠正这种极左错误，就将造成形势逆转，导致革命失败。

年轻的习仲勋，没有想到个人，没有想到这样上书中央会给个人造成的后果，他想的是党的命运、人民的疾苦。

习仲勋的这封信，表现了大无畏的无产阶级革命家气概，表现了一个伟大的中国共产党人实事求是、坚持真理、勇于担当的英雄品质，也洋溢着中华文明博大宽厚的胸怀，表现了革命的人道主义与坚定的党性原则的高度统一。

这就是习仲勋的性格，也是最为毛泽东所激赏的性格，毛泽东说习仲勋"是从群众中走出来的群众领袖"——沧海横流，方显英雄本色，中国共产党之所以能够胜利，从根本上说，就是因为有习仲勋这样的革命者，能够在大多数人头脑发昏的时候，勇敢地站出来，站在党和人民根本利益的基础上，大声疾呼，纠正党的错误。

再一个站出来的是任弼时。实际上，早在1947年11月12日，中央决定去杨家沟之前，任弼时已就土改中出现的"左"的问题，给毛泽东写信，信中说："各地分析阶级不一致，做得过火点的地方，恐有将富农算作地主，富裕中农算成富农者，因此确须颁发一大体通用的'怎样分析阶级'的文件。"[1]

任弼时提出，对新政权下产生的"新式富农"，很多地方采取逼、吊、打的方式，剥夺他们的剩余财产，造成人心惶惶，"在农民中会产生一种怕变富农的思想"。

习仲勋与任弼时的意见，是高度一致的。他们的意见，使毛泽东大为震动，但也使毛泽东感到由衷欣慰，更使毛泽东坚定了这样的思想：在中国革命走向胜利的转折点上，由于"左"的错误，革命可能走向失败，使共产党失去人心。

毛泽东遂决定，必须立即纠正"左"的错误。

毛泽东善于抓"点"，即通过一件事的处理，来给全党发出明确信号。

首先，究竟怎样对待在新政权下产生的"新富农"？

1948年3月8日，中央专门发出关于吴满有（毛岸英学农的师傅）一类人入党问题的电报，毛泽东在此电前加写按语："说今后不要提倡新式富农的意见是不对的。我们提倡新式富农的目的和俄国革命后保存富农的目的是不相同的（一为'提倡'，一为'保存'）。中国富农经

1　任弼时《关于解放区政权和新富农政策问题给毛泽东的信（一九四七年十一月十二日）》，收入《任弼时选集》，人民出版社，1978年。

济不占重要成分，粮食供给主要依靠中农、贫农，并不是依靠富农，我们鼓励吴满有一类人之目的，在于这样能够稳定新旧中农，刺激其生产。如果过去这是需要的，现在这种情形仍未改变，不能说这种需要已不存在。如果中国的某些地区有依靠富农粮食供给的情形，那就鼓励富农经济更加是需要的了。一种模糊的违反经济要求的'左'倾情绪在人们的思想中作怪，在土地法公布后甚为普遍，做宣传工作的同志应当加以批判，而不应为其动摇而投降这种情绪。"

其次，必须立即纠正意识形态和宣传部门"左"的教条主义错误，从纠正宣传舆论导向入手。

1947年11月9日，中央宣传部曾经下达《中共中央宣传部关于反"客里空"运动的指示》，认为"我党土地政策，抗日时期与现在不同"，抗日时期政策的缺点，"其性质主要是右倾，即对地主只团结不斗争"，现在我们的政策改变了，现在是要消灭一切地主，在"清算对国民党对大地主大资产阶级的投降主义"的同时，清算抗日时期的右倾错误。[1]

而毛泽东则指出，这个指示是不对的，这种宣传

---

1 《中共中央宣传部关于反"客里空"运动的指示》，中共中央文献研究室、中央档案馆编《建党以来重要文献选编（1921—1949）》第24册，中央文献出版社，2011年，第465页。

导向是错误的。恰恰相反，我们在抗日战争期间实行"三三制"是完全正确的，以为这是右倾，则是错误的，今天我们要防止的是"左"而不是右，现在解放区的大部分地主、富农是没有能力反抗我们的土地政策的，对于这些没有能力反抗的地主富农，我们必须团结。

1948年2月29日，毛泽东在晋冀鲁豫中央局宣传部《检查报社发现"左"偏》的报告上写下了这样的批注："开明绅士问题不是什么革命性质的原则问题，中央并未这样指出过。中央指出，不要抛弃那些赞成反蒋和土改而愿意同我们合作的从地主富农阶级出身的开明绅士，如陕北的李鼎铭、晋绥的刘少白等人，借以分化地主阶级，是于反蒋和土改有利益的。"

毛泽东特别指出：我们的真理是全心全意依靠人民，我们所说的人民，是指工、农、小资产阶级和民族资产阶级，是这四个阶级的联合，其中开明绅士也算一个指头，这些人政治上开明，在群众中有一定影响，如果抛弃他们，只对蒋介石有利，而对人民的事业是十分不利的。

随后，毛泽东使中央前委统一思想，让前委同志一起，认真研究习仲勋和任弼时的意见。毛泽东说，习仲勋同志的信里指出，我们要区分现在的革命老区与当年的苏区，不能用当年苏区的政策，来对待今天的老区——习仲勋同志的话，讲得何等地好！他讲到了我们党的严重教训——因为在江西苏区，我们就曾经犯了这样极左的错误：乱划阶级成分、乱戴地主富农帽子、没收工商业，乃至在革命队伍里抓"AB团"，从而使我们失去了人心，最终在苏区不能立足。

毛泽东直言不讳地说，因为不了解党史，不知道党史，不知道、忘记了我们过去犯的"左"的错误，以至于今天，有些人在这个"极端重点的问题"上再次犯了错误，而且这种错误的性质是严重的，因为他们与王明当年的错误是一样的，王明犯过的错误，他们今天又再犯，这是不长记性："一切解放区的领导同志们及所有从事土地改革工作的同志们均必须严肃地检查这个划成分的问题，公开地明确地改正自己所犯的错误。哪怕只是划错了一个人，也必须改正。"

要分清楚什么是好人，什么是坏人。好人，就是中国社会的进步力量、保护力量；坏人，就是中国社会的破坏力量，是解放区的破坏力量，现在"左"倾政策的问题是，打击了好人，放纵了坏人，打击了朋友，放纵了真正的敌人，因此，必须立即缩小打击面，"无论如何，只应该把打击面放在真正的封建剥削阶级的范围以内，绝对不许可超出这个范围。在人民解放军所到的原先是国民党统治的地方，打击面还要缩小些。在那里，首先只打击大地主、豪绅、恶霸，地主武装，保甲制度，特务分子，依照战争胜利和根据地巩固的情况，依照群众的觉悟程度与组织程度，逐步地发展到消灭全部封建制度"。

搞清楚"谁是我们的敌人，谁是我们的朋友"——搞清楚我们要建立的人民政府是民主联合政府，而不是共产党一党包办的政府，搞清楚这两个问题，极为关键。

毛泽东特别讲到开明绅士与土豪劣绅之间的根本区别，他举出的例子是榆林中学校长、陕西省政府秘书长杜斌丞。

杜斌丞，米脂人，出身于一个显赫的士绅家庭，从北京高等师范学校毕业返乡，致力于榆林的教育改革，先后被任命为榆林中学的教导主任，后又担任校长。1920年初，他邀请两位共产党人魏野畴和李子洲到榆林中学任教，在他们的学生中，有两位成为陕北红军的领导人——刘志丹和谢子长。而高岗因为反对"奴化教育"被原来的学校开除后，杜斌丞便把他收留到榆林中学，魏野畴的教职因为保守派的反对而泡汤，而杜斌丞又推荐李子洲去绥德第四师范当校长，使绥德四师成为陕北共产党的摇篮。

如果没有杜斌丞，就没有榆林中学、绥德四师，没有榆林中学、绥德四师，李子洲、魏野畴就没有传播马克思主义和建立共产党组织的阵地，也就没有刘志丹、高岗、谢子长这些西北革命的领导者。甚至可以说，没有杜斌丞的推动，便不会有西安事变的发生，杜斌丞一贯主张：陕甘一体，回汉一家，结好苏联，团结抗日，在西北，杜斌丞是团结的纽带，是团结的象征，作为民主同盟的创始人，因为主张民主、团结，他被胡宗南逮捕杀害了，毛泽东给他送挽联"为人民而死，虽死犹生"。

团结就是力量，如果不团结这些开明人士，就没有中国革命的胜利，就不能建设新中国。民主人士、开明士绅是中国基层的建设者，在坚持"往下走"这个大方向上，他们与我们共产党人是一致的，我们要建立新中国，就离不开这样的基础建设者。

如果把中国革命的历史，放在数千年中华文明发展史上去看，如果把"横渠路"与革命路结合起来看，我们的视野就将更加宽阔。

毛泽东说："杜斌丞是民主同盟的人，是一个民主分子，他被胡宗南杀死了，但是类如杜斌丞这样的人还是有的。有这样的人参加民主政府，使民主政府成为共产党领导的各革命阶级的代表人物联合组成的政府，而不是共产党一党包办的政府，这样对于团结中国百分之九十以上的老百姓一道奋斗是有利益的。"[1]

毛泽东指出，我们的根本任务是团结起来建立新中国，而我们过去的错误，是错杀了自己的同志，打击了自己的朋友，结果是把自己搞得十分孤立。1935年的西北肃反，几乎把革命根据地的领袖都打击了一遍，甚至把枪口对准

<hr>

[1] 毛泽东《把打击面放在真正的封建剥削阶级范围内》，中共中央文献研究室编《毛泽东文集》第五卷，人民出版社，1996年，第13页。

了自己的同志，这是今天必须汲取的教训。他说："多杀人是不能解决任何问题的。我们的任务是解决问题，解决如何消灭帝国主义、封建主义和官僚资本主义的压迫和剥削，将中国建设成为独立的强盛的人民民主共和国这样的问题，除了在战争中在火线上必不可免地要杀死许多敌人以外，多杀了人，杀错了人，不但不能解决问题，而且可能推延问题的解决，甚至可能引导到革命遭受暂时的失败。"

关于审干问题，毛泽东指出，审查干部，绝不是把同志当敌人来对待，共产党人是讲民主的，"无论在农村中，在城市中，在军队中，在机关和学校中，在任何审查党员或干部的会议上，被审查者都有申述理由的权利，这种民主作风决不可少"。[1]

五 "政策和策略是党的生命"

米脂出了杜斌丞、李鼎铭，而米脂杨家沟附近，也出了西北革命史上的一个"特殊人物"——郭洪涛。郭洪涛，1909年11月生于米脂，少年时代就学于李鼎铭在米脂桃镇开办的学校，后在杜斌丞任校长的榆林中学学习，在那里接受了革命思想。这位杨家沟出身的革命者，日后却成为西北肃反的鼓动者。在整风期间，他痛切地反省自己的错

1　毛泽东《把打击面放在真正的封建剥削阶级范围内》，第13—14页。

误和极左思想的根源——完全地丧失了人民的立场，为了争权夺利，为了宗派斗争，有意地使肃反扩大化，客观上帮助了敌人。周恩来更指出，这是"以革命的名义，做反革命的勾当"。

对于党的历史上"左"的教训，特别是肃反扩大化的惨重教训，毛泽东记忆犹新。"谁是我们的朋友，谁是我们的敌人"，这个问题是"革命的首要问题"，而党的历次错误，都与这个问题有关。毛泽东严厉警告说，今天，我们有可能重犯大革命失败前那种错误，更可能重犯西北肃反扩大化的错误。在杨家沟，毛泽东说，我们要以肃反扩大化的错误为警戒。他提醒大家说："全党同志须知，现在敌人已经彻底孤立了，但是敌人的孤立并不就等于我们的胜利。我们如果在政策上犯了错误，还是不能取得胜利。具体说来，在战争、整党、土地改革、工商业和镇压反革命五个政策问题中，任何一个问题犯了原则的错误，不加改正，我们就会失败。"[1]

类似王明、康生这样的人，他们满口马克思主义，满口理想信念，但是，他们的所谓马克思主义完全脱离中国现实，脱离人民群众，脱离广大干部。他们手握肃反利器，名曰加强党的领导，实际上是严重破坏了党的

---

[1] 毛泽东《关于工商业政策（一九四八年二月二十七日）》，收入《毛泽东选集》第四卷，人民出版社，1991年，第1285页。

民主，这样的人，不是马克思主义者，他们的所谓党性，与人民性乃至人性是对立的。

毛泽东是从"经世致用"的湖湘学风中走出来的圣人，他从来不空谈理论，毛泽东主张知行合一，他不但自己一贯埋头做事，而且还不厌其烦地告诉大家：究竟怎样做事，为什么要这样办事，如此办理为什么好一些，假如不这样办，为什么会摔跤跌跟头——须知办事很难，在中国，为人民办成一件好事，格外之难——而这就是毛泽东的思想，特别是《实践论》《矛盾论》超出古来许多圣贤之处。

共产党人与历史上一切领导阶级的根本区别，在于"工作作风"。所谓作风者，无非就是做事的风格。毛泽东总结说，共产党人做事的风格，主要就是理论联系实际、密切联系群众，并不断通过批评与自我批评，以修正工作中的偏差。

如果离开了做事的方法，离开了"作风"，那就是丢了"法宝"，理论和纲领就都成了空的，因此，毛泽东这样提醒全党：重要的不是纲领，而是政策——"政策是革命政党一切实际行动的出发点，并且表现于行动的过程和归宿。一个革命政党的任何行动都是实行政策"。

毛泽东指出，因为没有细则，没有政策，《土地法大纲》在执行过程中就会出现偏差，在如何认识中国社会各阶级这个问题上，如果分不清朋友和敌人，就不知道怎样划分中国的阶级，划分阶级成分，这要分析中国的历史与实际，仅靠照抄马克思列宁，那是不行的。

毛泽东深刻阐释了"纲领"与"政策"之间的关系。他说，《土地法大纲》重要，但这依然是一个宣言，依然是一个纲领，而干革命不能仅靠宣言、靠纲领。实际上，洪秀全的《天朝田亩制度》、孙中山的"平均地权"也都是不错的纲领，但历史证明，那却是空想之纲领。对于共产党人来说，从来不仅是说，而是做。纲领重要，政策则更为重要，因为政策与策略指向的是怎样办事。

把全国土地会议比作"八七会议"是错误的，即使在"八七会议"上，对于怎样划分中国农村社会的阶级这个问题，也没有得到重视。以至于在苏区，在王明路线统治下，出现了通过查三代，而把许多贫雇农、中农划成地主的严重错误，当年王明、博古所批判的"富农路线"，就是指毛泽东的路线。

而毛泽东到达杨家沟之后做的第一件事，就是手订中共中央关于重发《怎样分析阶级》等两个文件的修改稿。毛泽东说，这两个文件，是1933年为纠正在阶级分析问题上的过左观点而制定的。他进一步补充说，当时在土地斗争已经深入的地方，则发生了"左"倾观点，给许多中农甚至贫农胡乱戴上地主富农各顶帽子，损害群众利益。

如今，随着土地改革之深入，"左"倾现象势必发生，中央重发这个文件，就是要提醒大家注意这样的问题。我们进行土地改革，是为了从中国最基层出发，去改变蒋介石所代表着的反动的经济社会结构，划分阶级的出发点和归宿，关键在于是否有利于推翻旧的社会经济结构，建立新的社会经济结构，而不是通过划分阶级而给人乱戴地主富农的帽子。

1947年12月31日，中共中央工委应毛泽东的要求，重新发表毛泽东当年在苏区所作的调查报告《怎样分析阶级》，并指出：当前，在划分阶级，首先是在确定地主、富农斗争对象上，有下列"左"倾错误发生：一、追历史、查三代，把祖先曾经是地主，现在已经是贫农的人，划成"破产地主""下坡地主"；二、把自己劳动，仅雇了一个放牛娃、放羊娃的中农也划成富农；三、划成分仅由贫农团里的几个人决定，而不是由全体农民讨论通过；四、不去教育农民，而是主张农民想怎么办就怎么办。以上问题，在各解放区，都十分普遍地发生着，因此必须根据新华总社广播的《关于土地斗争中一些问题的决定》和毛主席的《怎样分析阶级》两个文件去办理，改正这些"左"的错误。[1]

从那个时候起，毛泽东决定，一面指挥解放战争，一面开始亲自领导土地改革。

从此，土地改革进入第二阶段，纠正"左"倾错误

1　《中共中央工委关于阶级分析问题的指示》，《建党以来重要文献选编》第24册，第559页。

的正确阶段。

在前委统一意见之后，为了使全党特别是中央政治局在这个问题上统一认识，毛泽东向全党转发了任弼时1月12日在西北野战军前委扩大会议上的讲话《土地改革中的几个问题》，并加写以下内容："我们必须按照实际情形去划分阶级，进行土改，决不可将本来不是地主富农的人们人为地划成地主富农，错误地扩大打击面，打乱革命阵线，帮助敌人，孤立自己。这是一个极端重大的问题，必须引起全党同志的注意。"

向全党转发任弼时的讲话，并加了如此长的按语，这表明了中央前委和书记处中绝大多数领导（毛泽东、周恩来和任弼时）极为鲜明的态度，而从毛泽东如此严厉的语气中，我们今天依然可以分明地感受到他当时焦急乃至气愤的心情，同时也能够感受到当时的问题已经发展到非常严重的地步。

指示发出后，毛泽东立即要求几位主要地方局首长（邓小平、习仲勋、林彪、粟裕）就土改中出现的问题，揭发当地的情况，并表明自己的态度。

1月14日，毛泽东即电邓小平，就新解放区的各项政策问题征询他的意见。毛泽东指出，在新的社会经济结构还没有建立起来之前，关键在于转变旧的社会经济结构，而不是简单摧毁一切社会结构，这是新解放区工作必须注意的问题，因此，"（一）在新区是否应当分为两种区域，一种是可以迅速建立巩固根据地的，一种是要经过长期拉锯战才能建立巩固根据地的，对两种区域的工作采取不同的政策？（二）新区土改是按土地法大纲分平，还是对富农及某些弱小地主暂时不动？新区中富农及弱小地主态度如何？（三）是否有开明绅士和我们合作？（四）是否有许多知识分子和我们合作或表示中立？（五）各阶层商人态度如何？我军是否可以避免向新区工商业资本家进行筹款？如果筹款，方式如何？（六）如何处理国民党政府、党部、三青团的各种人员？其中是否有些人是可以争取的？如何处理保甲长？"[1]

毛泽东提出了一个底线：一切工作，以恢复生产、发展生产为要，不能破坏中国农村的生产力。蒋介石造成了中国经济的全面崩溃，在共产党手里，经济不能崩溃，而是必须发展，发展生产力，这是革命的根本目的。

1月20日，毛泽东转发了习仲勋1月19日关于西北土改工作情况的报告。毛泽东完全赞同习仲勋的观点——新的社会经济结构的建立，是一个长期的、逐步的、复杂的历史进程，而建立一个新社会，绝不是通过划分阶级成分这样的行动就可以一蹴而就，以为通过搞运动、划成分，就可以一步迈入新社会的观点，是"左"

1　毛泽东《征询邓小平对新解放区若干政策问题的意见（一九四八年一月十四日）》，收入《毛泽东文集》第五卷，第17页。

的、盲目的观点。为此，毛泽东写批语如下："完全同意习仲勋同志这些意见。华北、华中各老解放区有同样情形者，务须密切注意改正'左'的错误。凡犯有'左'的错误的地方，只要领导机关处理得法，几个星期即可纠正过来，不要拖延很久才去纠正。同时注意不要使下面因为纠正'左'而误解为不动。"

2月8日，习仲勋复电毛泽东，进一步说明在老区实行彻底平分土地的危害，指出，"这会对农民土地所有权的信心发生动摇，普遍现象是农民都不愿意积极生产，认为这次平分了，又不知几年之后，再来平分"。毛泽东表示完全赞成习仲勋的意见。他指出，发展农业生产是土地改革的直接目的，土改是种庄稼，是鼓励种庄稼，而不是一茬一茬割韭菜，没有劳动果实，谈什么分果实！

毛泽东征求意见的指示发出后，东北局的林彪推脱忙于打仗，难以表态，没有及时反馈意见，在毛泽东的催促下，林彪只是寄来了闽西时代毛泽东给他的一封旧信，这是毛泽东1930年在与党内"左"倾教条主义进行斗争的过程中写下的，信的主旨是：比起破坏一个旧世界、旧社会，建立一个新世界、新社会，是更为艰巨复杂的任务，现在这个任务就摆在了我们面前，以为可以轻而易举地建立一个新世界、新社会的观点，是错误的。林彪提出，希望在东北局出版的毛泽东著作选集中收入此信，但信中不要出现林彪的名字。

2月12日，毛泽东在林彪给中共中央宣传部的电报上写下批语："（一）这封信不要出版。（二）请陆、乔（陆定一、胡乔木）负责将文集全部审阅一次，将其中不适宜公开发表的及不妥当的标出，并提出意见，待修改后再出版。叫东北局暂缓印行及翻译外文。"

在征求了党内主要领导同志意见后，毛泽东于1月18日给在西柏坡的刘少奇发出为中共中央起草的关于目前党的政策中的几个重要问题的决定草案（又称"中央一月决定"）。

电文说：中央本日原则通过了"中央一月决定"，须待征求你们意见加以修改，然后发往各地。这个决定草案之制定，主要就是指导全党纠正已经出现的某些"左"的倾向。

在这个电文中，针对康生等人提出的"贫雇农打江山坐江山"的口号，毛泽东严厉指出："'贫雇农打江山坐江山'的口号是错误的。在乡村，是雇农、贫农、中农和其他劳动人民联合一道，在共产党领导之下打江山坐江山，而不是单独贫雇农打江山坐江山。在全国，是工人，农民（包括新富农），独立工商业者，被反动势力所压迫和损害的中小资本家，学生、教员、教授、一般知识分子，自由职业者，开明绅士，一般公务人员，被压迫的少数民族和海外华侨，联合一道，在工人阶级（经过共产党）的领导之下，打江山坐江山，而不是少数人打江山坐江山。"[1]

关于阶级,毛泽东指出,中国不是马克思所重点研究的英国,不是教条主义者所谓不可避免地分化为无产阶级和资产阶级两大阶级,我们应该根据中国的实际,按照《中国社会各阶级的分析》的方法,认真分析中国社会各阶级的具体矛盾和情况,而不是按照两大阶级对立的方式,去机械地划阶级成分,特别要认真地分析中间力量,努力争取中间力量,如此才能孤立真正的敌人。

因此,必须避免对中农、中小工商业者、知识分子采取任何冒险政策,因为他们就是中间力量。特别是,"对于那些同我党共过患难确有相当贡献的开明绅士,在不妨碍土地改革的条件下,必须分别情况,予以照顾"。所谓正确地分析中国农村各阶级,还必须将新富农和旧富农区别开来,把地主和富农中的恶霸与非恶霸区别开来。不能只讲斗争,不讲团结,斗争的目的,就是团结。

关于中国共产党的领导能力问题,毛泽东明确指出,中国共产党的领导能力,不仅是指斗争能力,更是指团结能力,只讲斗争能力,不讲团结能力,这就是不知道什么是共产党的能力。

因此,决定草案强调指出:"领导的阶级和政党,要

1　毛泽东《关于目前党的政策中的几个重要问题》,收入《毛泽东选集》第四卷,第1268—1269页。

实现自己对于被领导的阶级、阶层、政党和人民团体的领导，必须具备两个条件：（甲）率领被领导者（同盟者）向着共同敌人作坚决的斗争，并取得胜利；（乙）对被领导者给以物质福利，至少不损害其利益，同时对被领导者给以政治教育。没有这两个条件或两个条件缺一，就不能实现领导。"

马克思主义与中国实际相结合，首先要真正了解中国的实际特别是基层的实际究竟是什么，而我们的工作，只能根据这样的实际来进行。在此期间，毛泽东亲自领导制定了两个重要文件，以作为《土地法大纲》的重要补充。

2月21日，《中共中央关于土地改革中各社会阶级的划分及其待遇的规定（草案）》完稿。2月16日，毛泽东为中共中央起草关于讨论《中共中央关于土地改革中各社会阶级划分及其待遇的规定（草案）》的指示中指出："此项文件的目的，是在纠正党内广泛地存在着的关于在观察及划分阶级问题上的非马克思主义的思想及补足在土改中缺乏对各阶级阶层人们的具体明确政策的缺点。我们认为，单有土地法大纲及其他党的若干指示文件而无这样一个完备的文件，很难使我们的工作人员不犯或少犯错误。我们既要彻底消灭帝国主义、封建主义与官僚资本主义，又要在这个伟大斗争中不要因为划错与斗错阶级成分及采取错误政策而打乱自己的阵线，增加敌人的力量，使自己陷于孤立。不要忘记，在一九二七年至一九三五年而特别是一九三一年至一九三五年时期我党曾经因为政策过左陷于孤立，处于极端危险的地位，而在我党与国民党破裂时期党内主要的危险倾向，曾经是现在仍然可能是'左'倾冒险主义。如果我们现在不严重地注意到这一点，我们就将在政治上犯错误。"[1]

3月6日，毛泽东再致电刘少奇，推心置腹地向刘少奇说明，自己为什么要亲自着手制定上述两个文件；同时说明，他自己必须亲自着手改正这些错误。如果说其他同志有责任，则主要是因为经验不足。

至于政策与经验的关系，毛泽东指出，须知做领导工作，一是要把事情研究清楚，二是要把政策向大家说清楚，必须说清楚哪些可以做，哪些不可以做，还必须说清楚究竟该怎么做，而这需要非常具体的说明，仅是简单说明是不行的，要细致说明，仅是抽象地、纲领性地说明是不行的——如果做不到这种事无巨细，那对于一个领导者而言，就是工作疏忽，就是粗心大意。

什么叫"分析"？毛泽东讲，分析就是界定，就是正确地划分。没有界定、没有划分就没有分析，没有分析就没有正确的思想。

电报指出："凡政策之正确与否及正确之程度，均待经验去考证；任何经验（实践），均是从实行某种政策

1　收入《毛泽东文集》第五卷，第64—65页。

的过程中得来的，错误的经验是实行了错误政策的结果，正确的经验是实行了正确政策的结果。因此，无论做什么事，凡关涉群众的，都应有界限分明的政策。我感觉各地所犯的许多错误，主要的（坏人捣乱一项原因不是主要的）是由于领导机关所规定的政策缺乏明确性，未将许可做的事和不许可做的事公开明确地分清界限。其所以未能明确分清界限，是由于领导者自己对于所要做的事缺乏充分经验（自己没有执行过某种政策的充分经验），或者对于他人的经验不重视，或者由于不应有的疏忽以致未能分清政策的界限。其次，是由于领导者虽然知道划分政策的界限，但只作了简单的说明，没有作系统的说明。根据经验，任何政策，如果只作简单的说明，而不作系统的说明，即不能动员党与群众，从事正确的实践。以上两种情况，各中央局与中央均应分担责任。我们过去有许多工作，既未能公开地（此点很重要，即是说在报纸上发表，使广大人们知道）明确地分清界限，又未能作系统的说明，不能专责备各中央局，我自己即深感此种责任。最近三个多月，我们即就各项政策，努力研究，展开说明，以补此项缺失。但各中央局在这方面自然有他们自己的责任。又其次，是政策本身就错了。此点许多下级党部擅自决定其自以为正确其实是错误的政策，不但不请示中央甚至也不请示中央局。""又其次，是领导方法上有错误，即是上下联系不够，未能迅速了解运动的情况，迅速纠正下面的错误。"[1]

这个长电报的关键词是"界限"：公开明确地分清界限，公开明确地说明界限。

3月20日，毛泽东为中共中央起草通报。通报中提出这样一句著名的话——政策和策略是党的生命，各级领导同志务必充分注意，万万不可粗心大意。

通报这样指出："最近几个月，中央集中全力解决在新形势下面关于土地改革方面、关于工商业方面、关于统一战线方面、关于整党方面、关于新区工作方面的各项具体的政策和策略的问题，反对党内右的和'左'的偏向，而主要是'左'的偏向。我们党的历史情况表明，在我党和国民党结成统一战线时期，党内容易发生右的偏向，而在我党和国民党分裂时期，党内容易发生'左'的偏向。""只有党的政策和策略全部走上正轨，中国革命才有胜利的可能。政策和策略是党的生命，各级领导同志务必充分注意，万万不可粗心大意。"

如果思想无边界，那就会造成政策无边界，就会造成斗争无边界——这不是马克思主义，而是彻头彻尾的虚无主义。

毛泽东身体力行共产党人的工作作风，手把手地教

1　毛泽东《政策和经验的关系（一九四八年三月六日）》，收入《毛泽东文集》第五卷，第74—75页。

给同志正确的工作方法。经过全党的努力，土地改革中的错误，得到了系统的纠正。

3月21日，即这个通报发出的第二天，毛泽东、周恩来、任弼时率领中央机关，从他们居住了四个月又两天的米脂杨家沟出发，向佳县进发。佳县，是《东方红》诞生的地方。

这一天，杨家沟父老乡亲依依不舍，送了毛泽东一程又一程。临行前，毛泽东希望马醒民跟他一起走。毛泽东说，建设新中国，需要他这样的人才。而马醒民说，他这个人适合在乡里、在基层做点事，适合种庄稼、盖房子，盼望革命胜利了，毛主席再来杨家沟，再住在这里读书、休息，看风景，看大好河山，看横渠路上，人来人往。

高楼万丈平地起，盘龙卧虎高山顶，边区的太阳红又红，来了咱们的领袖毛泽东。

毛泽东说过，坚持真理无止境，修正错误无止境。不能不断地修正错误，就不能不断地坚持真理。

这是天启，也是真实的历史。

第二篇　大地上的学问

一　开局

最早以英文向西方世界介绍西北革命的人是埃德加·斯诺，但斯诺到访的是保安，而不是延安。

在延安，中国共产党人第一次接待美国智库代表团，是1937年6月23日，那时毛泽东44岁，周恩来39岁，策划这次访问的人是冀朝鼎，当年只有34岁。6月22—23日，代表团成员会见了毛泽东，半个月后，"卢沟桥事变"爆发，中国人民的全面抗战开始了。

延安时代的中国共产党人，把媒体、智库交流放在中美关系的首位。在美国访问团里，菲利普·贾菲和夫人艾格尼斯是《今日中国》的出刊人，这个刊物是冀朝鼎和他们一起创办的，它也是著名的《美亚》杂志的前身。[1]艾格尼斯是冀朝鼎夫人哈里特·莱文（Harriet Levine）

1　参见Philip Jaffe's unpublished autobiography. Phillip Jaffe papers, Woodruff Library Special Collection, Emory University, Atlanta, Georgia。

的大表姐，那时他们都住在纽约。代表团的另外一个成员托马斯·亚瑟·毕森是冀朝鼎在哥伦比亚大学的同窗，也与冀朝鼎一起供职于太平洋关系学会，他当时的身份是美国外交委员会的高级研究员。在来延安前，他已经在《今日中国》发表文章指出，中国一定会凭借自己的力量战胜日本，鉴于这一未来结果，美国的政策必须明确：究竟是站在中国还是日本一边。

而更重要的问题是，美国将来不得不在中国共产党与中国国民党之间做出选择。

斯诺的《西行漫记》发表后产生重大影响，因为种种原因，毕森的《1937，延安对话》迟至1972年才正式出版，但这部著作的思想影响是极为深远的。

毕森向美国政府和人民介绍说，中国共产党与苏联共产党完全不同，中国共产党的基本主张与《联邦党人文献》中托马斯·麦迪逊的主张相同，那就是必须维护农民的利益，必须满足农民的土地要求，必须在土地平等和土地改革的基础上，建立一个独立自主的国家。

正如当年美国革命的目标是为了使美国独立自主于旧大陆一样，中国革命的目标也是独立自主，而革命的美国与革命的中国之所以能够做到独立自主，就是因为两国都拥有广阔的土地，诸如英国、日本这样狭小的国家，只能依靠工商业和殖民地而生存，斯大林模式的工业化也建立在榨取、牺牲农民和压制其亚洲领土的基础上，"上帝的选民是农民"，与其说中国共产党人是斯大林主义者，不如说是麦迪逊主义者，即美国人民所熟悉的"土地派"。

毕森呼吁，任何一个维护美国宪法的人，任何一个赞成麦迪逊主张的人，任何一个热爱土地、主张土地权利的人，都会天然地赞成中国共产党的主张。而与中国共产党相对立，中国国民党只代表中国沿海的少数买办的利益。中共领袖与普通红军战士穿着一样的军装，周恩来兜里只是多了一支钢笔，而国民党军队则是一群强盗，即使对美国人也是如此，他们会为了抢一块手表而杀人。

毕森做出这样的判断，一定程度上基于自己在中国的惨痛经历。毕森的岳父是传教士，是金陵大学的创办者，但在北伐时期被国民党军队枪杀了，国民党的士兵要抢他的手表，而那块手表是毕森岳父父亲的遗物。

《太平洋事务》主编欧文·拉铁摩尔也是访问团的成员，他关心中国的边疆与多元文化交融。[1]他把当时的陕甘宁看作草原与农耕文明的纽带，把共产党的长征看作穿越不同地域、不同文化、不同生产方式的流动。正是因为从跨地域、跨文化流动的角度去理解"革命运动"，所以，他在延安采访调查的主要方向是：红军在长征中是如何在少数民族地区发展壮大以及红军中少数民族战

---

1 Lattimore, Owen, *Inner Asian Frontier of China*, New York: Oxford University Press, 1988, c1940.

士的情况。这种调查使他形成了如下观点：中国共产党必然会像当年隋唐王朝的建立者一样，从中国的西北边疆兴起，团结各少数民族，席卷中原，统一天下。

代表团成员几乎都出身于传教士家庭，与赛珍珠的父亲一样，毕森的父亲长期生活在皖北农村，拉铁摩尔的父亲则在河套地区传教，所以，拉铁摩尔能说地道的西北话，还喜欢唱"酸曲"。

杰弗逊的名言是：如果上帝有自己的选民，并赋予他们许多真正的美德的话，那么，那些在土地上辛勤耕作的劳动者就是上帝的选民。在中国共产党人深入偏远农村的最底层之前，这样做的只有西方的传教士，他们知道中国最底层百姓的无助与绝望，也知道他们生存的韧性，于是，这些到访延安的美国人与共产党人有一个共同点，这就是毛泽东后来说的，"我们一定要坚持下去，我们一定要努力工作，我们也会感动上帝，上帝就是全中国的老百姓"。

在访问延安时，毕森曾向毛泽东提出了这样的问题：英国是否会为了维护自身的利益，支援中国抗日？或者为了平衡与日本的关系，而鼓动中日妥协反对苏联？因为国民党与日本共同的敌人就是苏联，一旦国民党与日本妥协而反对苏联，那么南京是否将对中国共产党进行镇压呢？

毛泽东对此的回答是，蒋介石是一个"阶级的政治家"，他在国际上选边站队的出发点是阶级利益。因此，蒋介石对于世界形势有两个根本的误判：第一，他基于意识形态原因，认为中共会把苏联的利益放在第一位；第二，同样基于意识形态原因，他认为美国和英国会把中国的利益放在第一位。这种对于大势的错误判断，根本上基于蒋介石集团在英美有私人利益。

中共没有任何特殊利益，其根本出发点是追求中国的独立自主，中国人民的生活与生存，只要赞成这个出发点，无论是谁，中共都愿意与他们合作。

国民党反对苏联，是出于意识形态原因，但国际关系的决定性因素，不是意识形态，而是利益，苏联是唯一援助中国抗战的国家，但这些援助全部给了国民党，而没有给过共产党一枪一炮，这就说明了问题。英国反对苏联，也是由于意识形态原因，但因为德国威胁了英国的特权和利益，正是为了维护自身的特权与利益，英国最终会放下意识形态，选择与苏联合作。

毛泽东这样说，"当然，盎格鲁－萨克森人民向来以自己的自由意志而感到骄傲。他们当然可以拥有自己喜欢的任何思想。但在最后，他们肯定会得出这样的结论，最好还是能在苏联的帮助下，维持自己的那些特权。因为思想不可能总是与行动一致的"。

中国共产党的主张是：中国人民完全可以独立自主进行抗战，抗战的目标也是中国的独立自主。中国之所以能够做到这一点，在于中国领土辽阔，内部不平衡。中国西北地区数千年都是中国政治、文化的核心，目前，这里是中国抗战的核心，中国生存、发展的基本结构是由秦汉隋唐奠定的，这个基本结构没有改变，共产党领导的抗战加强而不是削弱了这个独立自主的结构。换句话说，今天被称为"边区"的地方，在漫长的中国历史上，是中国的中心。

1941年，罗斯福总统派拉铁摩尔担任蒋介石的政治顾问，那时，这位顾问告诫美国政府与人民说，蒋介石和国民党是美国的大麻烦，将来最坏的结局是美国被蒋介石拉下水，永无止境地给这个无赖擦屁股。这个预言被曾是蒋介石拥护者的黄仁宇所证实。作为国民党军人，黄仁宇悲哀地说，抗战期间，蒋介石与国民党最大的不名誉，就是使美国人坚信，是中国把美国推入了战争，如果没有美国的拯救，中国势必被日本灭亡。

邓野先生是极好的学者，他的《蒋介石的战略布局》一书的核心是说，蒋介石作为一个战略家，他的成功之处在于，在抗战期间纵横捭阖于国际舞台，选边站队，最终把美国拉下水，靠英美苏三大国打败日本，成为战后世界秩序的最大获益者。占美国便宜，搭美国便车，乃至拉美国人下水。有人认为这是中国最大的不名誉，有人则认为这是卧虎藏龙、韬光养晦，是伟大的战略。

仁者见仁智者见智，立场不同，结论自然不同。

这就是中共与美国关系的开局，是一个良好的开局，抚今追昔，无论历史风云如何变幻，中共与美国关系的开局，决定了中美关系的根本走向。如果没有这样的开局，就不会有1972年尼克松"震动世界"的访华。

中美关系走到今天，世界面临百年未有之大变局，我总是想起冀朝鼎。

当年，冀朝鼎几乎凭一己之力，策划了中国共产党与美国智库之间的第一次高层接触，这次极为成功的访问，给美国政府和人民留下了这样的印象：中国共产党人是把穷人当上帝的人，他们和美国人民一样热爱土地与农民，代表最广大的中国农民的利益。用赛珍珠著作的名字来说，中国共产党人就是《大地》，如果用海伦·斯诺的著作的名字来说，他们就是《红尘》，即他们如西北的大风与黄沙，以伟大的力量，铸造着中国。与中国共产党相对，国民党则是一帮算计美国、搭美国便车、拉美国下水的麻烦制造者，是一群需要美国擦屁股的无赖。

冀朝铸，是冀朝鼎的弟弟，很有名，他曾任中华人民共和国驻英特命全权大使，联合国副秘书长。1972年尼克松访华，一下飞机，就向周恩来伸出手（周恩来后来说，他这是从太平洋彼岸伸出了和平的手掌），当时，站在尼克松和周恩来之间的人，就是冀朝铸。1979年邓小平访美，白宫举行盛大欢迎仪式，站在邓小平与卡特总统之间的人，还是冀朝铸。

那时，冀朝鼎早已过世，他生前说过一句话，大意是：有一天，你知道了我的故事，便不必知道我的名字。

大音希声，大象无形，真正办大事、开新路的人，不会让你知道他是谁，更不会让你知道他在办什么大事——道理很简单，如果大家都知道了，如果搞得沸沸扬扬、敲锣打鼓，那事情就办不成了。

伟大的思想是孤独的，探索新道路，需要奋身孤往。这是孤独的、勇敢的事业。

岂有文章惊天下。邓稼先出名，是在"两弹"完成之后，是在他去世之前，而直到今天，冀朝鼎很大程度上依然还是一个传说。

这个世界上，很多厉害的读书人都没有名，名气对他们一文不值——办大事与出大名，这完全是两码事。

二 "把酒论天下"

冀朝鼎生于1903年，山西汾阳人，财主出身。其父冀贡泉在科举废除那一年（1905）获得功名，1911年毕业于明治大学。他剪了辫子回国，先后担任过山西教育厅厅长（1912）和法政学校校长（1918）。

冀贡泉还曾在北洋政府教育部与鲁迅对桌办公，非常值得一提的是：正是他教会鲁迅喝汾酒。鲁迅小说里，与叙述者喝酒的人往往来自山西，《在酒楼上》的吕纬甫住在太原，《孤独者》里的魏连殳客居太谷，"我提着两包闻喜名产的煮饼"走在冷月下山西的旧城里。鲁迅擅于写月亮，下笔最好的是山西的月亮——这种描写当然不是偶然。

早期共产党人里面，著名的山西人是高君宇，家在汾河边上的静乐。读北大的时候他还叫高尚德，这名字听起来与高崇德（高岗）如同兄弟。他与石评梅的爱情好比梁山伯与祝英台，轰轰烈烈。

鲁迅对于山西人评价却不高，也许这是因为高长虹的缘故。高长虹把许广平称为"月亮"，而"月亮"是蒋介石把兄弟许崇智的表妹，当年的外省青年只有仰望的份儿。

因老实反被认为精明，因正直而被视为保守，因拘谨而被视为古怪——山西的尴尬一如既往。顾祖禹《读史方舆纪要》说"天下形势最有利于山西"，而"三家分晋"后，山西却仿佛再也支棱不起来了。山西人傅山（1607—1684）曾经说，阮籍听到母亲死讯后饮酒数斗。饮就是哭，喝下的是烧心的眼泪。《孤独者》里魏连殳在祖母下葬时的表现也是这样："像一匹受伤的狼，当深夜在旷野中嚎叫，惨伤里夹杂着愤怒和悲哀。"晋剧《傅山进京》，山西的老百姓看了哭，而外面的人却都不能理解他们哭的是什么。

1916年，年仅13岁的冀朝鼎考入清华学校，在那里接受了6年美式精英教育。那时的新学堂与今天截然相反，那时的大学不知道什么是帽子，什么是核心期刊（《新青年》当然也不是核心），学校领导完全不成体统，丝毫不像个领导。"不做官，不打麻将，不纳妾"，这是蔡元培在北大倡导的"三不主义"。校园生活毫无乐趣，那时的校园生活仿佛"月亮与六便士"——大学如同清寂的朗月，靠六便士养活清贫的天才，而这六便士还是自己凑的。

今天的人们忘记了，历史上正经的大学就起源于寂寞与贫穷，而1916年的清华尤其寂寞，属于"政府不管，美国不顾，陈独秀不来"的荒凉地。就读清华学校期间，就在这寂寞中，冀朝鼎与施滉、梅汝璈等仿桃园结义组织"超桃"会。当时，施滉是清华学生会主席，冀朝鼎则是学生刊物《修业杂志》主编，他们彼此欣赏，互相批评，分享的财富不过"六便士"，那时他们不知道什么是"内卷"，什么是"拼爹"，钱多一毫在他们看来都是奢侈浪费，都是亵渎。而就靠一个旧火炉和两张摇摇欲坠的破桌子，中国第一个马克思主义研究会便在寂寞与清贫的北大校园里升起，如月光一样照彻了黑暗里中国和人类的路。

后来，除了梅汝璈外，"超桃"会的成员都成了早期共产党人，而梅汝璈则担任了东京审判的大法官。

在寂寞与贫穷中，他们天才的形象穿透历史，如月光一样皎然而明亮。

"卑鄙是卑鄙者的通行证，高尚是高尚者的墓志铭"——《旧制度与大革命》是高尚的法国贵族的壮剧，他们在沙龙里一次次演出这样的莎乐美：为了真理、爱情和纯粹良知，不惜拿自己的头殉了真理。而当沙龙里的壮举变成现实，当他们在大革命中走向断头台，也许并不知道正是他们自己沙龙里的"启蒙"，呼唤出了改天换地的"大革命"。

中国也有过自己高尚的大学和高尚的知识分子。1917年，北大的邓中夏出钱请人力车夫罢工，清华的冀朝鼎花钱买了一匹马送给穷人，而自己为此饿了半年肚子。过去是鞋匠起义要当老爷，如今是少爷起义要当鞋匠，这是"新青年"，这是年轻的北大，是少年的清华——这是中国大学的高大上时代。

人们供奉寂寞与清贫的神，是因为他们需要追名逐利。当"革命不是请客吃饭"变成进步必须请客吃饭，冠盖满京华，斯人独憔悴，当大学成为名利场，知识就建立在公司而不是学校的基础上了。

这是另外一种天翻地覆慨而慷。

1919年，热血少年冀朝鼎参加了五四运动，在"六三大宣传"时被捕，那个时候，他只有16岁。6月3日那天，北洋政府抓学生最多，瞿秋白、张国焘同日被捕，北大刘仁静也是那天被抓进去的，当时也只有17岁，法庭审判，问刘何以被抓，他竟茫然不知。被捕学生中，北大最小的是刘仁静，清华最小的是冀朝鼎。而巴黎和会消息传来，在北大兼课的冀贡泉出资80元，资助学生给在巴黎的中国代表团发电报抗议——"同学们，大家起来肩负起天下的兴亡"，冀家父子二人都参加了五四运动。

1924年8月22日，21岁的冀朝鼎和72名清华优秀毕业生，登上"杰斐逊总统"号客轮赴美留学。出国前，"超桃"的成员集体去北大拜访了李大钊，而李大钊则告诫清华学生"勿囫囵吞枣接受帝国主义影响"。

从留下的照片看，当年的冀朝鼎高大英俊，着深色外套配浅色西裤，戴大礼帽，表情凝重，也许从那一刻起，那首歌就已经诞生，而这首歌将注定了他的一生：

> 回家，回家/我需要你/别再哭，就让他走/再多痛苦的等候/相信我也能承受/闭上眼，不再留恋/你却一遍又一遍/出现在想你的夜——

山西远了，汾河远了，自由女神近了，而自由女神是一厢情愿的法国人送给美国的礼物，美国的白人移民与其说从欧洲带去了自由，不如说带去了阶级制度。种族隔离是最保守的贵族思想，光荣孤立是美国的立国之本，赤裸裸的嫌贫爱富是美国的性格。当72名清华学子横跨太平洋的时候，适逢美国颁布《移民法案》（法案禁止该年5月26日入境华人入籍）。美国的种族主义给冀朝鼎上了深刻的第一课。抵美后，"超桃"的八个成员分别就读于不同的大学，冀朝鼎独自去了芝加哥大学读法律，在芝加哥的第一年，冀朝鼎成绩优秀，但却形单影只，没有一个朋友。

在国内，他已经反复读到芝加哥。李大钊的《五一运动史》已经详细地描述了芝加哥。1886年，芝加哥爆发工人运动，这成为五一国际劳动节的起源。而命运把冀朝鼎独自送到了芝加哥。

美国与中国虽然相距遥远，但世界资本主义市场却把芝加哥与上海紧密地联系为"汉萨同盟"那样的"姊妹城市"。棉纱与钢铁贸易的联系，使芝加哥与上海，几乎本能地把彼此城市行会的行动，看作自己的行动。1925年的"五卅运动"重燃了冀朝鼎的热情，芝加哥因为"五卅运动"而产生的对上海的关注，使冀朝鼎的才华再次有了用武之地。22岁的冀朝鼎在芝加哥华人中积极组织"五卅运动"后援会，创办了《芝加哥华侨报》，并在华盛顿公园发表激情洋溢的演讲。他操着熟练的法律语言，引述行会的条例，令芝加哥的听众为之陶醉——历史的契机，使这个年轻的留学生几乎一下子就成了两个"世界城市"之间的桥梁。

芝加哥恰是美国共产党总部所在地，冀朝鼎的口才、学识和组织能力，立即吸引了美国共产党人查尔斯·希普曼的注意。希普曼是共产国际的主要成员，曾与罗易、鲍罗廷一起参加过共产国际二大。当时他正在筹建"全美反帝同盟",他把冀朝鼎发展为同盟成员,成为这个国际俱乐部的会员。

清华学生曾经在校园里模仿西方的俱乐部,而当冀朝鼎真正加入芝加哥工人俱乐部的时候,他知道那里不但讨论足球、棒球,不仅交流技术和科学,还讨论马克思主义和未来世界的蓝图——多年之后,中国的主要城市也出现了这样的工人俱乐部,而这就是邓中夏、李立三和冀朝鼎当年出没的地方。

作为芝加哥工人俱乐部会员,冀朝鼎就是这样融入了美国文化,而这种文化就是汤普森所说的"无产阶级文化",正是从这种文化中产生了"无数的优秀发明家、组织家、新闻撰稿人和思想理论家,以及《萌芽》的作者——左拉这样伟大的作家"。

1925年,全美中国学生大会在芝加哥召开,冀朝鼎凭借在芝加哥社会的影响力,取代他的清华学长施滉当选全美中国学生会主席。因为当时绝大多数中国学生的活动只限于校园之内和同乡之间,而冀朝鼎已经逐渐融入美国社会和美国文化。从那时起,他开始积极参加美国共产党的活动,包括参与1925年10月召开的全美黑人劳工大会,美共机关刊物《工人月刊》刊载了其演讲照片,照片里的冀朝鼎振臂高呼,好像在竞选市长,而这幅图片的说明引述了其演讲结语:"帝国主义的世界正在消失，让我们携手团结一切反帝力量，超越种族、信仰、国家的藩篱。"

由于在希普曼领导的"全美反帝同盟"中脱颖而出，1927年1月29日，冀朝鼎作为美国代表，从纽约启程参加2月在布鲁塞尔召开的世界反帝大会。这是全球反帝统一战线的盛会，宋庆龄、尼赫鲁、罗曼·罗兰和高尔基都参加了这次大会，冀朝鼎是最年轻的会议代表，尽管代表的是美国（或者说是美国共产党）。这是他第一次跻身国际舞台，对于形成其国际视野帮助极大。

正是在参会的途中，在横跨大西洋的船上，他邂逅了自纽约赴巴黎旅游的哈里特·莱文。莱文出身于俄裔犹太移民家庭，其父母靠在时代广场的水果摊起家成为中产，全家都信仰无政府主义的社会主义，那时莱文刚刚结束了一场失败的恋爱，去欧洲散心。

在横渡大西洋的船上，泰坦尼克号的故事从来都是热门话题，而冀朝鼎在闲聊中准确地说出了这次灾难的死亡比例，以冷静的阶级论解构了庸俗的爱情故事——泰坦尼克号搭载的20只救生艇可以容纳1100人，但结果却是：一等舱死了5人，二等舱死了13人，而三等舱244名乘客中死了141人，其中的阶级差异显而易见。冀朝鼎冷静、现实的分析，疗愈了被爱所伤的姑娘。

得知莱文的前男友是银行的出纳，冀朝鼎说出了那句令莱文毕生难忘的话：小姐，您给我五美元，我给你世界上最完美的银行体系——咱们成交吧。

莱文心中的月亮在浩渺的大西洋夜空升起，冀朝鼎与莱文一见钟情，月亮与六便士，月亮在大西洋浩渺的夜空升起，而那首歌也一起升起，跨越时空，地老天荒：

> 我每天晚上在这里/哪里也不想去/可是我好爱你/我觉得我离不开你/别说——不会有结果/永远永远，别说分手/回家，回家——我需要你/马上来我的身边——

回家，回到美国，他们闪电般步入婚姻，从此冀朝鼎在纽约有了家，而这个家庭——正如冀朝鼎所追求的那样——超越了种族、宗教、国家的藩篱。

在当时种族主义盛行的纽约，一个白人姑娘嫁给华人是非常奇特的景观，而他们度蜜月的方式则更为叛逆。1927年9月，伉俪二人再次从纽约出发，到达柏林。由于当时的魏玛政府政策宽松，他们取得了俄国签证，改道莫斯科。尽管他们旅行的最终目的地不是莫斯科而是德国法兰克福，只是由于新娘莱文的突发奇想，他们打算途中去观摩十月革命十周年庆典，让他们的婚礼也成为一次庆典。

在莫斯科的停留，使莱文见证了冀朝鼎的"娘家人"究竟是干什么的——此前她以为新郎孑然一身，这个娘家人叫邓中夏——一个激情澎湃的诗人，一个滔滔雄辩的理论家，早在五四运动期间，冀朝鼎就已经与邓中夏结为好友，邓的父亲邓典谟，与冀朝鼎的父亲冀贡泉，都曾在民国政府做官。

邓中夏在中共六大上的代表编号为0001。在莫斯科，冀朝鼎首先参加了赤色工会工作，并担任中国驻赤色职工国际代表邓中夏的翻译和秘书——当然是分文不取的义务劳动，而这也是冀朝鼎第一次与共产国际和中国共产党接触。而其卓越的学识和外语能力令中共代表团如获至宝，于是，蜜月旅行就这样变成了义务劳动。在此期间，冀朝鼎密集参与了1928年3月的赤色工会国际大会、6月—7月的中共六大、7月—8月的共产国际六大。

也正是中共六大期间，冀朝鼎结识了大他五岁的周恩来。后来，冀朝鼎说，当他遇到周恩来，就感觉仿佛与自己的"母亲"重逢，冀朝鼎的母亲早逝，继母与他同年同月同日生——事实上，在此后的岁月里，周恩来一直赞美着、呵护着天才冀朝鼎，在他走投无路的时候默默保护他，尽最大的能力给他提供条件。甚至，每当有人责难冀朝鼎时，周恩来都下意识地认为——这就是责难周恩来自己。

当真理与爱结合在一起，冀朝鼎找到了家，从那时起，他正式加入中国共产党，并开始在周恩来"单线"领导下工作，直到60岁猝然而逝。

1929年7月，冀朝鼎离开苏联，再赴法兰克福参加第二次反帝同盟大会。原本冀朝鼎曾打算就读于莫斯科中山大学，并确实在此与邓小平、叶剑英、王明等结识，但周恩来果断安排他离开——毕竟那时苏联和中山大学正在开始"肃反"，而邓中夏就是在那时开罪于王明，还有一点是：周恩来认为冀朝鼎在学术上前途无量，而中国共产党和中国革命需要学问。

1927年的大革命失败后，中国的马克思主义者对于经济史的研究与关注达到高峰，中国的马克思主义者郭沫若、王学文等正依据马克思的历史唯物主义论，与陶希圣、陈独秀等人展开"中国社会性质的论战"，这深深地吸引了冀朝鼎，促使他从法学的研究转向了经济史的研究——这一转向与马克思本人的学术经历完全一致。

在法兰克福会议上，冀朝鼎结识了德国共产党人卡尔·魏特夫，并就马克思提出的"亚细亚所有制形式"进行深入讨论，冀朝鼎力图为中国历史研究奠定唯物主义的基础，正如马克思从市民社会的分析出发一样，冀朝鼎把自中世纪以来中国城市的交往与联合，建立在"水利工程"的基础上。

冀朝鼎不仅揭示了中国的市场经济与社会工程——水利事业的关系，正是在法兰克福的讨论中，他更揭示了马克思主义的内在肌理——"世界市场"与"世界革命"之间的关系，这里包含着极为复杂、深刻的思想命题：黑格尔的"市民社会"与康德的"公共领域"之间的矛盾，即康德所设想的普遍的交往，必须以现实的"市民社会"为基础，但现实的"市民社会"却不必然导向公共领域的普遍交往。

如果用马克思的思想来概括这种矛盾，这便是指：世界市场的扩张，并不必然导致全世界劳动者的联合，资本主义世界市场扩张导致的恰恰是全球分裂和文明冲突。从历史的角度看，全球贸易和世界市场不能建立在抽象的市场和市民社会之上，冀朝鼎认为，正是人类文明的交流互鉴为世界市场提供了前提，而不是相反。

冀朝鼎提议：必须从人类的角度去思考总体的历史，而不是从西方或者苏联的角度去思考"资本主义的世界史"，而这里的关键在于——如何从文明交流互鉴的角度去改造世界贸易，重建世界市场？

"亚细亚所有制形式"这一命题，从不同文明发展的历史的角度，为思考"世界市场"提供了契机。这一洞见为冀朝鼎未来五年的学术研究埋下伏笔。

在法兰克福，26岁的冀朝鼎的学识令当年也只有32岁的魏特夫大为惊讶，尽管魏特夫当时并未预见冀朝鼎这一洞见的意义。

1929年，冀朝鼎结束欧洲之行，回到美国。那一年，施滉等人因为参加美国共产党活动，丧失奖学金而被美国驱逐出境，施滉回国后，参加了中共六届三中全会，并担任中共地下党河北省委书记，1934年被捕牺牲。此前一年，39岁的邓中夏在南京雨花台壮烈牺牲，月亮与六便士，邓中夏和施滉——北京大学学生平民演讲团召集人和清华大学学生会主席——牺牲时口袋里却连一个铜板都没有。

月亮升起来，他们照耀着北大，照耀着清华，照耀着那些他们今天认不出来的地方。

那一年，冀朝鼎也被终止了奖学金，但因为已经与美国人结婚，才免于被驱逐出境。那一年，邓中夏和施滉都已经牺牲了，他们把诗歌和学问留给了冀朝鼎，他知道自己必须活下去。

那一年，留在美国的冀朝鼎与表亲贾菲夫妇一起创办了《今日中国》，这个杂志成为宣传中国和中国共产党的窗口，我自己曾经住过纽约东八街，可惜当时我不知道那里离冀朝鼎的家只有500米。

当时，冀朝鼎生活极为拮据，贾菲后来回忆说，在布鲁克林的家族聚会上，经济困顿的冀朝鼎曾放豪言说，根据他自己的经济学理论，足可以创办世界上最好的金融体系。而贾菲问他需要多少投资，冀朝鼎回答说"五美元足矣"——当年大家一笑了之，绝未想到，冀朝鼎后来果然在金融界大显身手，并最终参与创建了以人民币为核心的新中国金融体系。

1936年，冀朝鼎在哥伦比亚大学获博士学位，而博士论文就是《中国历史上的基本经济区与水利事业的发展》，这篇论文震惊了美国政界与学界。随后，《中国历史上的基本经济区与水利事业的发展》在纽约出版，给冀朝鼎带来了巨大学术声誉，魏特夫等人在《太平洋评论》和《美国历史研究》上撰文评论。拉铁摩尔称其"完全刷新了对世界史的认识"，而李约瑟则认为"所有研究中国的学生都必须读这本书"。

1937年3月，冀朝鼎与贾菲、毕森、菲尔德、拉铁摩尔共同创办《美亚》月刊，与立足草根、立场激进的《今日中国》不同，《美亚》的办刊宗旨面向美国决策层。办刊资金主要来自贾菲和菲尔德，后者是太平洋关系学会秘书长卡特的助手，而拉铁摩尔则是《太平洋事务》的主编。

《美亚》杂志创办三个月之后，冀朝鼎的美国亲戚朋友们（亲友团）便到达延安，成为第一个到访延安的美国智库代表团，这次精心策划的行动之所以成功，显然是因为冀朝鼎与中共高层——特别是周恩来有着"单线联系"。

1937年6月21日，代表团到达的当晚，延安以一场月光下的赛歌会迎接美国人。在红军领袖和战士们表演节目后，在场的每个人都要求参加演出，于是，毕森先唱了一曲《我的肯塔基故乡》，在满场欢呼声中，又加唱了《跨越最后一条河》——欢迎仪式到午夜才告结束。

6月22—23日，代表团成员分别会见了毛泽东、朱德和周恩来，当得知贾菲是经营圣诞卡的批发商时，毛泽东脱口而出："上帝保佑你的圣诞卡生意兴隆啊！"他们在朱德家里边吃边聊，而周恩来则以英语接受了采访。

批发商贾菲夫妇访问延安期间，看到红军缺医少药，回到纽约后，他们把这种情况通过冀朝鼎介绍给美国共产党总书记白劳德。于是，他们立即携手行动，成立了"国际援华委员会"，募捐筹款，并于来年1月初，派遣了以白求恩大夫为首的美加医疗队来华，支援中国人民的抗战。

冀朝鼎本人没有去延安。那时，冀朝鼎担任《美亚》编委，主笔"远东经济札记"专栏，他的文章吸引了美国高层的注意，这导致了他最终接受了一项由太平洋关系学会资助的美国"国家重大项目"。

太平洋关系学会受到洛克菲勒基金会和卡内基基金会支持。1938年6月24日，太平洋关系学会秘书长爱德华·卡特正式邀请冀朝鼎加入学会的调查组，赴华开展调查，而这是冀朝鼎在美国获得的第一份正式工作。

阔别13年之后，冀朝鼎第一次回到祖国，据冀朝铸的回忆，冀朝鼎的中国之行始于汉口，在那里与冀贡泉及家人会合。根据精心安排，全家坐水上飞机至重庆会见周恩来，原本打算去延安，但根据周恩来的指示，在冀朝鼎在华的调查工作结束后，冀贡泉携全家与冀朝鼎一起赴美进行战时统战工作。在美期间，有过留日经历的冀贡泉加入美国战时情报机构，展开对敌工作，直到1941年才与冀朝鼎一起回国，而冀朝铸直到抗美援朝战争爆发，才离开哈佛大学回国。

受雇于太平洋关系学会，不但使冀朝鼎获得了比较丰厚的收入，且参与这一重大项目，进一步确立了他在美国学术界的地位。而1938年8月10日至1939年2月初的中国考察之旅，则使冀朝鼎完成了他的另一部经典著作——《中国战时经济发展》。虽然这部著作直到1980年才得以解密出版，但正是这部著作，使冀朝鼎赢得了美国军方以及美国财政部的信任与赏识，并在很大程度上影响了美国战时的对华政策。

1939年，为了筹措抗战资金，国民政府在美成立国际贸易公司，向美出口桐油、猪鬃等物资以换取贷款。此项目由上海城市储备银行创建者陈光甫负责，由美国财政部退休官员出面经营。因为陈光甫抗战期间被委派在美筹款，故时任驻美大使胡适以诗"偶有几茎白发，心情微近中年。做了过河卒子，只能拼命向前"赠之。

出乎意料的是，美国财政官员亨利·怀特推荐冀朝鼎担任国际贸易公司秘书，理由是——陈光甫是江湖人士，英文不行，不懂美国经济和美国法律。

那个时候，冀朝鼎已经是两个孩子的父亲，经历了多年的清贫生活，他在美国学界终于声名鹊起。莱文衷心希望他接受美国常春藤大学的教职，做一个纯粹的学者，而冀朝鼎却说，"我的娘家着了大火，如今一贫如洗，现在中国需要我去赚钱"。

实际上，冀朝鼎才是中美双方认定的国际贸易公司负责人，一切国际文件均由他起草。

这就决定了陈光甫与冀朝鼎关系始终不睦，芝加哥大学法学院出身的冀朝鼎完全有理由将陈视为货币投机分子，而陈则将冀朝鼎称为搬弄美国法条的"小吏"。解放后冀朝鼎主持新中国金融大业，首先便将陈的上海城市储备银行作为货币市场上的"投机客"赶出大陆，导致两人最终决裂，直到改革开放之后，该银行才重回上海。

从大方面看，陈与冀确实代表两种完全对立的金融路线，陈光甫的理想是仿照美联储，建立私人银行支配的金融体系，而这与冀朝鼎的主张完全不同，冀朝鼎一贯强调国家货币主权，坚持健康的货币政策必须建立在实体经济、平衡的国际贸易之上，而不是依赖于盲目的金融扩张和货币投机。这种分歧根深蒂固。

置身纽约和美国财政系统，冀朝鼎对于美国的财政金融结构极为熟悉，美国的财政金融体系缔造于美国立宪时代，亚历山大·汉密尔顿是开创者。与杰弗逊和麦迪逊不同，汉密尔顿的基本主张是建立一个富人支持的债务性金融体系，具体说来就是：一方面是建立强大的银行联合体，以向富人借款；另一方面是通过地租税、人头税、贸易关税，以保证财政税收能够支付银行借款的利息，且仅仅是偿还利息而已。

自美国立宪时代起，杰弗逊、麦迪逊就激烈反对过汉密尔顿的制度设计。他们认为，汉密尔顿的制度设计有几个缺陷：第一，使美国政府依赖银行借款，这种借款不仅来自富人，而且来自旧大陆，特别是英国；第二，使美国财政过度欠债，庞大的政府债务依赖于向老百姓课税；第三，使美国的财政体系过度依赖银行债务，这不但使美国难以独立自主，更为美国财政破产埋下了隐患。

在罗斯福新政时代，美国政府的一个态度转变，就是要扭转汉密尔顿的"债务逻辑"，以维护美国在世界上的独立自主，包括在金融方面，结束美国对于欧洲金融市场的依赖——这是当时财政部的主要观点，当然也是冀朝鼎的观点。

冀朝鼎始终谨慎地对待债务问题。在货币政策方面，究竟是追求货币稳定还是货币市场化，这又恰是冀朝鼎与宋子文、陈光甫的分歧所在，宋子文和陈光甫认为，金融必须全面市场化，政府不得干预金融市场。而冀朝鼎则主张，货币稳定是经济稳定的前提，只有维持货币稳定，才能保障民生，因此，"稳货币"是政府的重要责任。而他的这一主张，最终得到时任国民政府财政部长孔祥熙的认同。

孔祥熙始终将在美筹款不利归罪于陈光甫和胡适，认为此二人一个是江湖骗子，一个是无能文人。而陈光甫则将工作不利归咎于冀朝鼎一心追求债务与贸易的平衡，冀朝鼎不主张用中国政府的信用担保借款，避免中国政府成为美国的附庸。但是，冀朝鼎的这一立场，反而加强了孔祥熙对于冀朝鼎的信任。冀朝鼎与孔祥熙同是山西人，他的父亲冀贡泉与孔祥熙关系密切。1941年，冀朝鼎离开国际贸易公司，应孔祥熙之召回国，任平准基金会秘书长，而这个基金会的工作目标就是"稳货币"，即中美英三方共同制定货币政策，使法币汇率与美元挂钩，实行"联系汇率"制度，增加对外出口，以限制法币发行和治理通货膨胀。1944年，冀朝鼎作为孔祥熙助手，参与制定布雷顿森林体系，"联系汇率"制度是这一战后金融体系的核心，而这一制度就脱胎于平准基金会。

回国后，冀朝鼎还兼任国民政府外汇管理委员会主任、中央银行经济研究处处长，并任圣约翰大学、暨南大学商学院教授。抗日战争胜利后，冀朝鼎任中央银行稽核处处长，到上海接收日、伪金融机构。

也就是在那个时候，冀朝鼎的家庭破裂了，由于聚少离多，冀朝鼎陷入了一场短暂的婚外恋，莱文果断提出离婚，带着一双儿女回了美国。

大西洋上空明朗的月亮升起又落下了，回家，回家，莱文回到了美国，可是冀朝鼎有两个家，在中国和美国之间，他必须选择一个。

莱文这样说，我的家在美国，但我的心在中国，美国与中国，永远永远，不要说分手——

　　别说，不会有结果／永远永远，不要说分手／而你怎么能够，就这样放手／一去不回头／再多的痛苦，相信我也能承受／闭上眼，不再留恋／你却一遍又一遍，出现在想你的夜。

这是一个破碎的故事，世界终究破碎，冀朝鼎没有理由不同意离婚，更是因为他已经陷入极大的危险之中。那时，他在美国的同学蒋廷黻公开指其为共产党，陈立夫因此对他展开调查，他随时有被逮捕的可能，他知道美国中央情报局和国民党中统都在盯着他，而这使他的家人面临着生命威胁，而脱离关系是唯一的正确选择。孔祥熙当然曾怀疑冀朝鼎是共产党，更知道中统关于冀朝鼎的黑材料有一麻袋，但最终还是亲自出面保了他，理由是冀朝鼎是管钱的人，只有他能稳住货币。

布雷顿森林会议之后，宋子文代替孔祥熙任财政部长，完全放弃货币稳定政策，将货币发行完全交给债务市场。1948年，蒋介石打内战，需要钱，想钱想得抓狂，宋子文给他出了一招——让法币与白银和黄金脱钩，发行金圆券。作为孔祥熙派的冀朝鼎，对宋子文的一切主张都反对，唯独对这一项，非但默认，且表示支持。而蒋介石大喜过望，立即实行，结果是货币崩盘，金圆券发行一泻千里，经济崩溃，人心全失，国民党因此丢了江山。而这一改革，完全符合汉密尔顿的"金融债务逻辑"——放弃政府信用，实行货币放水。

1948年，在决定中国命运的关键时刻，蒋介石却突然想"自杀"，而冀朝鼎就是那个给他递刀子的人。

事后，陈光甫和陈立夫一致认为，正是金圆券改革毁了国民党的经济，而这里的责任与其在宋子文，不如说在冀朝鼎，理由是：冀朝鼎在担任中央银行研究处处长时，已经掌握了大量的数据，根据这些数据，采用金圆券政策必定导致经济崩溃，但冀朝鼎却没有把这些数据告诉宋子文。

1946年底，傅作义为直接取得美援，电邀冀朝鼎任"华北剿总"经济处处长。冀朝鼎本已借出国开会之机到了香港，遂再北上就任，推动北平和平解放。最近有一部轰动的电视剧《北平无战事》，据说，其中就有冀朝鼎的影子，但神龙见首不见尾，那只是一个影子而已。我们知道的仅仅是——傅作义与林彪双方代表的谈判，就是在冀贡泉位于景山附近的家中进行的——那一年，到冀贡泉家喝酒的人，早已经不是鲁迅了，真可谓"人间正道是沧桑"。

陈光甫和陈立夫的判断也很快被证实。1949年5月，身着解放军军装的冀朝鼎出现在上海解放的照片里，正是他协助中国银行总经理龚饮冰接管位于外滩的中行总部，站在他身边另一位穿军装的风华绝代的女性叫罗静宜，作为冀朝鼎的清华同学，施滉的遗孀，她早已投奔延安。

1948年12月，中国人民银行在石家庄成立，冀朝鼎是首任副董事长、副行长。在1950年12月美国冻结中国资产前，冀朝鼎利用在美国的关系，将中行12亿美元资产成功转移到瑞士。建国后，他在周恩来的全力支持下，创立了包括广交会在内的中国对外贸易体系，是中国国际贸易促进会副会长。

冀朝鼎，这个人办过什么大事？人民币制度，"第三世界"阵营，发展对外贸易，引进外资和先进技术——人民币制度为新中国奠定基础，发展对外贸易是改革开放的先声，"第三世界"阵营为"一带一路"开辟先河。

使货币发行与土地挂钩，这是麦迪逊的观点，美国没有采用这样的货币制度，而是使货币发行依赖于政府债务，中共发行人民币则是这样做的。人民币首先是在土地改革中，为广大的农民所接受。但麦迪逊的一个基本观点还是被美国所坚持——为了美国的独立自主，就必须保持相当规模的农业和农民的数量——今天，美国依然是世界第一农业大国。

中华人民共和国成立后，冀朝鼎的主要工作是致力于打破西方贸易封锁。他积极推动与西方国家的贸易，主张引进外资和西方先进技术，这是远见卓识。

作为马克思主义者，冀朝鼎深刻地认识到：搞社会主义必须建立统一的国内大市场，同时，搞社会主义也不能离开世界市场。维护世界市场必须维护国际贸易的平衡，为了维护这种平衡，就需要包括汇率制度在内的一系列机制，而在这些方面，新中国必须具有发言权，掌握主动权。

西方主导的世界市场建立在西方资本主义价值观之上，这种价值观必然导致损人利己，乃至损人不利己的"制裁与封锁"，一个更为合理的世界市场必须建立在多元文明的交流与交往之上。他的一个观点是：西方文明不是一个整体，基于基督教罗马帝国的传统，美国、苏联、德国和英国都有建立世界帝国的野心，而天主教的法国则对文化输出更为热心，由于拉丁文化的原因，法国与第三世界的联系更加紧密。

在当时的西方阵营里，与中国有着更多共同语言的应该是法国，法国是新中国与西方建立关系的纽带，而中国能够给法国提供的最大帮助，就是协调阿尔及利亚问题。毛泽东、周恩来接受了这一建议，冀朝鼎为此日夜工作，1963年8月9日，在出访阿尔及利亚前一天夜晚，冀朝鼎因劳累过度，脑动脉瘤破裂，在办公室猝逝，终年60岁。

冀朝鼎的追悼会在北京首都剧场举行，由陈毅主持，周恩来、李先念、廖承志、郭沫若、康生等中央领导人出席，著名外国友人阿德勒、柯弗兰、斯特朗、艾黎、西园寺公一等组成治丧委员会，毛泽东主席向冀贡泉先生表达深切慰问。讣告发布仅三天，就收到22国150封唁电。而冀朝鼎当时的行政级别不过局级。

唁电全面评价了他的成就：他深刻地揭示了贸易平衡与金融稳定的关系，因此被经济学家罗宾逊夫人称为全球经济新秩序的缔造者之一；他深刻揭示了不同生产方式的交往与商品交换之间的历史规律，发展了马克思的历史唯物主义，拉铁摩尔称他"把马克思主义经济学建立在多元文明交往的基础上，重建了马克思主义经济学"。

同年12月5日，冀朝鼎学术追思会在伦敦举行，拉铁摩尔、李约瑟、罗宾逊夫人、凯瑟克勋爵均致辞，赞扬他对于建立公平合理的世界经济贸易秩序的杰出贡献，是中西文明交流的桥梁。他的杰出工作，使现代世界认识到中华文明和中国历史的伟大魅力。

莱文和两个孩子没有参加追悼会，但现场摆放着他们敬献的花圈。

建国后，冀朝鼎每有出访欧洲的机会，都期待与儿子在异国见面。他爱着他的家人和友人，他感到自己欠了他们的债，他期待于美国的朋友们相聚，但没有等到这一天的到来。

在麦肯锡运动中，拉铁摩尔和毕森都被迫离开美国，终老他乡，贾菲的圣诞卡生意曾经兴隆，但因为中情局的调查，他还是破产了，最终一贫如洗。

1972年，尼克松访华，周恩来到首都机场迎接，站在他们之间的人是冀朝铸——冀朝鼎的弟弟，后来成为中国副外长和联合国副秘书长。

1972年，毕森的《1937，延安对话》出版，拉铁摩尔在斯诺位于瑞士的家中，为这本尘封了35年的书作了序言。在这本书的结尾，毕森这样写道：

> 如果做个简明扼要的形容的话，那是因为延安有着这样一群人，他们的胸中，充满了高尚的道德情操。在那个环境里，个人私欲必须向崇高理想折腰。为了共同的事业，人人平等，官兵一致，齐心协力，顽强奋斗，大家分享着这种精神追求带来的充实感。
>
> 那是延安最美好的岁月。

我们不难理解，为什么毛泽东会顽强不息地奋斗着，坚持着，要把这种精神推广到整个中国。

毫无疑问，延安岁月是他们心中的家，在生命的最后时刻，他们都回到了那个家，并在那里安息，永生。

多年之后，我听到了一首歌，名字叫"回家"；这首歌打动了我，促使我去写冀朝鼎。

直到有一天，我偶然得知，歌手的母亲就是冀朝鼎的女儿。

三 统一与分裂：基本经济区

《中国历史上的基本经济区与水利事业的发展》这部著作完成于1936年。李约瑟曾经这样评论，这是迄今为止，一切西文中关于中国历史发展方面最卓越的著作。

章太炎说，中国的学问，言兴废盛衰，论者多及三事：一曰郡县封建（中央/地方），一曰夷夏之变（中/外），一曰联系实际。冀朝鼎的特点，在于能以世界视野看中国要害，因此别开生面。

一个广土众民的大的共同体的基础是什么？为了回答这个问题，冀朝鼎提出了"中国基本经济区"的范畴，他指出，在传统中国那样一种零散的小农经济的条件下，统一的基础，中央集权的基础，就在于中央能够建设并有效控制基本经济区。所谓基本经济区建设，又主要是靠水利与交通的建设达成的，古代中国的统一与中央集权问题，被看成控制这样一种经济区的问题。所谓分裂与割据，一方面在于基本经济区的争夺，另一方面则在于地方建设造成的基本经济区的扩大与转移，占优势的经济区一旦确立，控制了基本经济区的首领，就获得了优越的物质利益而胜过与之竞争的其他集团，最后把国家统一起来。

从中国历史发展来看，秦汉时期，中国的基本经济区在黄河中下游；三国南北朝时期，四川与长江下游逐渐得以开发；隋唐时期，长江流域取得了基本经济区的地位，大运河纵向沟通了南北；元明清三代，除了继承了上述基本经济区外，由于首都离基本经济区太远，遂有开发海河流域、京津冀地区的设想，但这个设想并没有真正得以实施。

古代中国的所谓国家能力，其实就是控制与建设上述基本经济区的能力。所谓"统一"与"分裂"的根源，大抵也在于此。

基本经济区的存在，导致了土地制度与赋税方法的地理差异，影响了中国地区发展的平衡，也造成了生产方式上的区别。在此基础上，土地制度、生产技术、赋税与商业以及高利贷资本发展程度的差异得以形成。

要协调这种自然与经济的差异与不平衡，就需要中央政府的力量，一是维护交通水利的运作与畅通，二是通过财政税收，实行财税之集中，再通过中央财税的分配，以平衡各地方差别——今天，这就叫"中央财政转移支付"。

冀朝鼎的这部杰作，当然是对马克思"亚细亚所有制形式"理论的进一步完善，同时，冀朝鼎这部著作里面，还包含着一个更大的问题，这个问题就是元代以降，中国治理发生的又一重大变化。

因为元代以降，中国的版图极大地扩大了，北方草原文明被纳入进来，元代的治理体系，是从治理草原地区的经验发展而来，明代则进一步有了"海国"的问题，而到了清代，中国的治理体系终于包纳了居国、行国、海国三个方面。这样一来，中国的治理问题，当然就不仅仅是增加对于江南基本经济区的治理能力的问题，王安石以降那个以发展"长三角"经济为核心的问题，则进一步成为魏源所谓如何统合居国、行国、海国之间动态平衡之问题。

换句话说，中国的治理问题不仅是一个立足于长江基本经济区发展经济的问题，更是一个维护包纳以上三种生产方式的治理体系的内部复杂平衡的问题。简而言之，维持这样庞大复杂的治理体系的运行，与增强基本经济区的治理能力，还不是一回事。

今天我们说所谓"治理能力"与"治理体系"不是

一回事的意思，若追本求源，大致而言就在于此。

简而言之，唐宋以来中国治理的问题其实有两个：一个是增加国家的经济财政能力，其核心就是对基本经济区的建设与控制，我们可以把这个问题简称为"治理能力"问题。另一个，则是维护三种生产方式之间的融合与平衡，用毛泽东主席的话来说，这里的关键，就是要处理好沿海与内地、中原与边疆之间的关系，《论十大关系》中集中讨论的问题，则可以简单地概括为"治理体系"的问题。

从这个角度说，近代中国所面临的问题，并不单纯在于治理能力下降所导致的经济、生产力不发达的问题（实际上，清代的经济总量并不低），而在于治理体系瓦解造成的共同体分裂问题。

正是从这个意义上说，毛泽东的那个洞见是完全正确的——控制了中国的基本经济区，并不意味着就能够控制中国。中国长期历史发展的大势，并非是以居国去统治行国和海国，甚至不是以南方去控制北方。恰恰相反，中国发展的大势是以边疆包围中原，是以农村包围城市，是以北方的治理体系控制南方的经济区，毛泽东的视野超越孙中山、蒋介石，以及那些妄图统治中国的帝国主义者之处，庶几在此。

中国之不平衡，差异在东西南北，美国之不平衡，差异也在东西南北。只不过，中国之差异与不平衡比美国更严重，这就决定了中国比美国更难治理。

因为存在南北差异，美国爆发了南北战争，战争的结果，是形成了更为强大的中央政府，各州必须听命于华盛顿中央。但自立国以来，美国同时还存在东西差别，东部以工商业为主，金融经大西洋与欧洲合为一体，"二战"后在军事上与北约重合，而美国西部今天以高科技和农业为主，亚洲和美洲移民众多，与亚洲的联系十分紧密，如今加州是美国税收的大户——美国的战略要害是在东还是在西，这决定了美国的国策。

同样地，中国的发展是向东还是向西，如何协调南北东西，这是中国中央政府必须考虑的"千年大计"。倚重东南，这是宋代以来江南基本经济区开放发展的结果，而这个问题，到近代则发生了变化。因为帝国主义要控制的，恰恰也是上述中国的基本经济区，而且是从海洋方向进行控制，反过来说，就是清王朝控制海国的失败，导致了与海国密切联系的基本经济区治理的失败。正是帝国主义的侵略，造成了上述基本经济区的瓦解，导致了中国国家能力的衰败和中央集权的崩溃。因此，在帝国主义时代，任何企图重新控制中国基本经济区的政权，都不能不受帝国主义势力的控制，欲以此为基础建立中央政权，既必须与帝国主义结盟，又必须与买办阶级、官僚资产阶级结盟——不依附于资本，就无法获得财源，这就只能走"半殖民地半封建道路"。

东南沿海既是资本密集的地方，也是中国资本、资源流出的地方，持同样看法的人，就是钱穆。他在《中国历史上的地理与人物》里说："今天中国，全为西方商业吸引，大家都跑向海边。但一到海边，便没有什么地方可走，粤人便向南洋海外跑，这亦是一种开创精神，对国内经济并有甚大助益。但究竟在外国境，非自己的殖民地，政府不能好好养护培植，如是则不免把民族精力浪掷了，许多天生的人才也白费了。"[1]

那么，在基本经济区被从海洋方向控制的条件下，中国重新恢复国家能力的立足点，究竟何在呢？

西北的革命，就是在这样的大背景下发生的。

西北最初的革命是国民革命。在西北国民革命中，有几个人扮演了重要作用，一是冯玉祥，一为于右任，再为胡景翼。最早响应辛亥革命而发动关中起义的，是富平的胡景翼。1924年，胡景翼联合冯玉祥打进北京，把溥仪赶出紫禁城，并把队伍命名为"国民军"。胡景翼早逝，但陕西国民军是他带出来的。冯玉祥的大本营原本在察哈尔和绥远，为了扩大力量，他于1926年访问了苏联，在去莫斯科的路上，冯玉祥遇到了于右任。于右任提出，冯玉祥应该召集胡景翼的旧部，利用西北地区与苏联接近的优势，把根据地设在陕西。当年8月，冯玉

1　钱穆《中国历史精神》，九州出版社，2012年，第116页。

祥回国，带回了苏联军事顾问和在中山大学学习过的中共党员，其中最重要的一个就是邓小平。苏联答应通过蒙古的交通线为冯玉祥的军队运输装备。9月，冯玉祥在内蒙古草原的五原县举行声势浩大的誓师仪式，宣誓联俄、联共。

随后，冯玉祥率部迅速穿越甘肃抵达陕西，赶走了盘踞陕西的河南军阀刘镇华。于右任成为第一任陕西省主席，他和他的继任者——胡景翼的旧部杨虎城都是真诚的左派，仿照莫斯科。中山学院在西北大学的校址上建立起来，以为新政权培养干部。同时，中山军事学校也在西安建立，这个学校的政治部主任是邓小平，政治教官包括李子洲、刘志丹。据说，冯玉祥队伍里90%的政治教官都是共产党，农民被发动起来，成为新政权的热烈拥护者。

自宋代以后，在经历了长达千年的被遗忘、被牺牲的命运之后，在"落后"里长期挣扎的西北地区，突然有望成为与广东并肩的"革命摇篮"，这就与此地和苏联接近，帝国主义鞭长莫及有关，而陕西就这样成为革命的先锋，开始成为全国进步青年向往的地方。特别是胡景翼在富平创办的立诚中学——这是唯一一所由孙中山亲自题写校名的中学，培养了习仲勋、师源等人，而陕西省政府秘书长杜斌丞在担任榆林中学校长时，培养了刘志丹、谢子长和高岗，这些人后来成为西北革命的领袖。

直到1927年国民党背叛革命，实现清党，陕西也没有执行杀戮共产党的血腥政策，冯玉祥只是将"共产党礼送出境"。冯玉祥调任河南，还带走了陕西共产党的领袖魏野畴，当时魏野畴担任杨虎城部的政治部主任。实际上，冯玉祥、杨虎城、杜斌丞的做法使共产党的活动由公开转入地下。大革命失败之后，陕西的共产党主要力量，因此得以保存下来。在此之后，陕西的共产党开始独立领导革命。

四　流动与跨界：长征、游击、游牧

文明作为生命有机体，活力在于运动。

解决区域的差异与不平衡，需要制度，用今天的话来说，需要治理体系与治理能力。但制度之外，还有一个办法，就是流动与迁徙。在历史上，最谙此道的是游牧民族，他们顽强的生存能力，体现在"打得过就打，打不过就跑"，跑累了，就找个"三不管"的地方歇歇脚，然后再继续打。

这个东西，就叫游击战，为游牧民族所发明。

马克思认为，人类最早的共同体形式是游牧。

把一个地方的水草吃干净了，卷起帐篷走人，再去吃别的地方，这就是游牧。

树挪死，人挪活，东方不亮西方亮，黑了南方有北方，三十六计，走为上——长征就是游牧。毛泽东说，我们一不怕走路，二不怕搬家，一个人总在一个地方待着，就会腐败，不利于新陈代谢和身体健康。

中国工农红军的长征，由中央苏区而川西北，完成一方面军与四方面军的会合，这是陕甘边根据地对于中央红军的接应，进而建立陕甘宁根据地，它仿佛使中国历史螺旋式上升，最终与秦汉隋唐会通。

通则不痛，制度之活力在于通。通在于运动。与蒋介石和中国的历代统治者不同，毛泽东所关注的不是中国的基本经济区，而是基本经济区的边缘地带，以及基本经济区内部的"边缘人口"之流通。

与包括孙中山在内的近代革命者不同，毛泽东关注的不是"反清复明"这样的问题，他关注的是行国、居国、海国之间的动态的平衡与不平衡。与此相关的，便是核心经济区内部的不平衡问题。

毛泽东的革命理论，当然与苏联的无产阶级城市暴动学说同样有很大的差异。实际上，他的思想起点，是通过突破马克思的"亚细亚所有制形式"理论，极大地发展了马克思主义。简而言之，毛泽东的革命不仅是一场阶级革命，更是一场文明革命、文明复兴。毛泽东的革命，是为了恢复晚清之后瓦解了中华文明的内在平衡而进行的革命。在毛泽东看来，正是因为这种平衡的瓦解，中国的传统治理体系解体了。

中国的基本经济区并不是封闭的，而是一种开放的动态平衡体系，作为"居国"和定居的农耕区，其人口历来是流动的，其吸纳流动人口的能力是空前的，而规模最大的流动人口，是被称为"客家"的族群。客家是魏晋以来，在草原文明的挤压下，北方人口大规模南迁的一个持续性的结果。江西和福建是中国客家的主要落脚点，由于当地人占据了平原和平地，迁徙而来的客家人只能居住在山区，不得不在逼仄的山地求生。中国基本经济区的土地问题，在这两个群体的矛盾中得以集中和放大。

毛泽东领导的湘赣边界井冈山的斗争，当然是依托农民的土地革命，但更为确切地说，这也是以客家人为主体的土地革命，如果没有客家人的支持，"井冈山的斗争"几乎是不可能的。实际上，这一时期，中国共产党和红军内部出现的各种分歧，即使可以被视为路线斗争和路线分歧，但是，如果不考虑当时的党内、红军内部存在的当地人与客家人的矛盾问题，这种分歧和斗争就不能被深刻地解释。

井冈山时期，毛泽东以"客家人（永新人）的女婿"的身份，成为红军的领袖。马克思主义与中国文化的结合，是一种真切的、血肉交融的结合。毛泽东不仅深刻地认识到了中国基本经济区内部的不平衡问题，而且更为深刻地洞察了中国存在的三种生产方式之间的不平衡问题，波澜壮阔的中国革命，基本上就是在基本经济区的边缘——基本经济区与草原山地文明之间的接合带进行的，这也就有了举世瞩目的两万五千里长征从客家人的聚居区——赣南和闽西出发，穿越彝族、藏族地区，直达回族聚居的陕甘宁。

1937年，欧文·拉铁摩尔和《今日中国》杂志代表团访问延安，在这次访问之后，拉铁摩尔提出了"内亚"问题。

什么是"内亚"问题？用今天的话说，就是丝绸之路问题。从长期发展看，亚洲内陆是世界历史发展的发动机，这个地区的游牧民族的扩张，造成一种持续的压力和动力，而地中海文明和中华文明是在回应亚洲内陆游牧民族扩张的压力中发展的——这就是著名的"内亚学说"。而拉铁摩尔的新婚旅行，就是沿着长城考察中国西北和蒙古地区。

人类最原初的战争形式，就是游击战和运动战，这为游牧文明所发明，中国共产党对人类战争形式的最大继承，就在这里，世界上任何军事强权，都将在这种战争形式面前接受考验。在后来成为经典著作的《中国的亚洲内陆边疆》一书（1940年出版）中，拉铁摩尔这样指出，中国共产党在中国大西北实行的联合少数民族反对日本帝国主义侵略的政策，其实是中国历代"王道"的延续，可以预见的是：中国共产党将通过联合少数民族，在驱逐日本帝国主义出中国的斗争中，先是占领中国广阔的边疆地区，然后如同当年的隋唐一样，以中国的"亚洲内陆边疆"为根据地，最终推翻盘踞中原和沿海的腐败统治者——一个新的、统一的中国将会形成，与此同时，内地与边疆之间互惠的、分享式的发展方式，将会得到重建。

毛泽东关于游击战争的理论，主要来自湘赣边界和陕甘边界这两个边界斗争经验的总结，游击战的中心一个是江西的吉安（以井冈山闻名），一个则是陕北的保安，那里是刘志丹的家乡。

共产党在西北独立领导革命，是从刘志丹的游击战搞起的。1928年大革命失败之后，刘志丹从西安回到保安，保安是个贫穷、闭塞、人烟稀少的三不管地带，它处于三个军阀统治的夹缝之中：西安的杨虎城、宁夏的马鸿逵以及榆林的井岳秀。井岳秀的军队来自关中蒲城，历史上，关中人看不起陕北，在他们眼里，陕北穷得不值得"治理"。

陕北的自然地貌与关中完全不同，这里的深沟、高塬，天然适合打游击。作为本地人，刘志丹熟悉这里的每一条河流，每一座山岭，他闹革命的办法是：收编当地的土匪武装，对他们进行革命教育，通过教育使他们改掉土匪习气——他的这一套工作方法，与毛泽东在井冈山的做法不谋而合。在这样的队伍里，领袖的身份是完全个人化的，游击队没有严格的等级观念，他们的关系介乎"兄弟"与革命同志之间。实际上，没人以同志称呼刘志丹，一般叫他"老刘"，正如没有人以官衔称呼毛泽东，而是叫他"老毛"。

长征是游击战争的升华，什么叫"地球上的红飘带"？建立在三种生产方式内在交往基础上的中华文明在近代走向瓦解的时候，正是中国共产党人的长征，以一种难以想象的奇观，重新把草原山地文明与中国的基本经济区联系起来。如果借用魏源的话来说，这就是以革命战士的血肉之躯，把"居国"与"行国"重新凝聚为一个整体。卡尔·施米特说，中国共产党人的长征，纵横两万五千里，牺牲惨重，而正是这种惨重的牺牲，通过"游击队战士的精神"完成了破碎的中华文明的重建。当毛泽东把长征称为宣言书、宣传队和播种机时，我们应该深思：怎样把长征视为中华文明内部的一次最伟大的革命。正是这场革命，促成了中华文明共同体的重建，长征就是中华民族伟大复兴的写照。

有了这样的视野，我们就可以再来看转战陕北的意义。转战陕北是游击战的续篇，我坚信，我们的后人有一天终将会这样理解转战陕北的伟大历史意义——继二万五千里长征之后，1947年，当胡宗南进攻延安时，毛泽东再次率领中国共产党人转战陕北——他亲自带领的部队只有不到800人，他们先是一路北行，几乎抵达内蒙古核心区的毛乌素沙漠，然后在陕北的佳县、吴堡东渡黄河，沿着山西一路疾行，最终到达西柏坡——这条道路，画出的正是北方草原文明与中原农耕文明的分界线。

"灵活机动的战略战术"——这是毛泽东在陕北对游击队精神的概括。

转战陕北，采用的是一种典型的"行国"——蒙古游牧战争方式，沟通着中原与塞北，它是以没有后方，断掉后勤，高度机动的突击方式，击溃了高度依赖后勤辎重，高度依赖官僚程序，因此移动缓慢的敌人。

"望长城内外，惟余莽莽；大河上下，顿失滔滔。"——毛泽东和共产党人，就是这样以骑马或徒步的革命，把草原文明与中原文明重新结合在一起，实现了这个接合带的革命化，特别是"长城地带"的革命化——它是长征造成的"地球上的红飘带"的延续与完成。

在这条道路上，作为马克思主义者的毛泽东，以徒步行军的方式，把马克思主义真理与中华文明结合起来，一步一个脚印地走出了光辉灿烂的中国道路。

中国革命是一场以农村包围城市的革命，但是，如果把长征与毛泽东转战陕北联系起来看，那么，波澜壮阔的中国革命，就是中华文明多元一体发展史的浓缩版。从漫长的历史看，中华文明的形成，实际上就是草原山地文明包围基本经济区，占领基本经济区，并最终形成一个新的治理体系的过程；是中华文明在这两大区域的融合中，不断走向复兴的过程。

我以为，《中国历史上的基本经济区与水利事业的发展》，要与毛泽东的《中国革命战争的战略问题》结合在一起读，那才能读得有味道。而读上述两本书，只有把《精神现象学》《政治经济学批判（1857—1858年）手稿》作为"延伸阅读"，才能领会得深。

因为毛泽东说过，马克思主义不能挂在天上，而是要落在中国的土地上，如果像飞机那样，只是在天上飞，不能落地，早晚要出麻烦。

马克思主义能够结出什么果实，要看我们脚下的土地。

战士——这是毛泽东和鲁迅所推崇的现代知识分子的品格。在陕北，毛泽东则进一步把这一品格发挥为游击队的品格，而独立不倚、独自一人，悄然穿越不同文明、不同种族、不同国家、不同区域，坚持斗争到最后一刻，冀朝鼎就是游击队精神的写照。

我们今天做学问，很难超过冀朝鼎的那本小书，我们办不了他那样的大事，现在的读书人，知道他的也很少——但我以为，他永远是我们学习和追随的榜样。这是因为他把自己的学问，把马克思主义，写在了中国的大地上。

大党大国，应该有大学问。

革命的知识分子，要发扬鲁迅和冀朝鼎的游击队精神。

五　劳动与资本

1937年，周恩来39岁，冀朝鼎34岁，踏上延安之旅的美国访问团成员的年龄，都与他们差不多。

"四海之内皆兄弟"，他们之间的关系，介乎"同志"与"兄弟"之间，这种关系超越了阶级与党派，更超越了互相利用，是一种水乳交融的共同体关系。

有一种说法，马克思所说的共产主义，就是建立人类命运共同体，按照这种说法，似乎人类命运共同体，只存在于未来，即只有将来世界大同了，才能实现人类命运共同体。

其实，马克思不是这么说的。他说的是，人类是靠共同体生存发展的，因此，在人类发展史上，存在着各种形式的共同体，人类命运共同体，既不是只有一种形式，也不是存在于未来的乌托邦。

在写作《资本论——政治经济学批判》之前，马克思写了三个《政治经济学批判》手稿，其中最伟大的一个，就是《政治经济学批判（1857—1858年）手稿》。

《政治经济学批判（1857—1858年）手稿》与《资本论》最大的区别在于，前者的主题是"人类命运共同体"，是考察人类历史上各种形式的共同体的发展与演变，而后者的主题则是"资本"。关于"人类命运共同体"，马克思这个手稿里讲得最集中，讲马克思主义与人类命运共同体的关系，要从这个手稿出发。

《政治经济学批判（1857—1858年）手稿》开头说，从漫长的人类历史看，人是靠共同体生存发展的，人类历史就是维护人类共同体生存与发展的历史，相对于共同体而言，自然、劳动、财产，虽然必不可少，但都是"外在之物"，都是第二位的，是构建共同体的手段。只有共同体本身，既是人生存发展的目的，也是手段。

他说，人类最初的生存方式就是迁徙，是以部落游牧的方式迁徙，而这意味着相对于共同体，土地也是身外之物，即人类共同体最初的生存方式——部落游牧，它对土地的依赖程度很低。

一旦人类终于定居下来，他们生存依靠的第一力量，其实也并不是土地，第一位的还是要靠共同体。定居文明发展的前提，就是进行大规模水利工程建设，有了大规模的水利设施建设，长期的定居与土地的长期利用才有可能。而大规模水利工程，只能是共同体统一意志的产物，所以，马克思说，大规模水利工程，既是共同体统一意志的产物，也是维护共同体统一意志的条件。

这里，马克思讲了一段著名的话，提出了"亚细亚所有制形式"："在这种情况下，那些通过劳动而实际占有的共同条件，如在亚细亚各民族中起过非常重要作用的灌溉渠道，还有交通工具，等等，就表现为更高的统一体，即凌驾于各小公社之上的专制政府的事业。"

什么是"亚细亚所有制形式"？"亚细亚所有制形式"是指广土众民的定居文明，广土众民的定居文明之所以能够长久，就是因为大的共同体有统一意志，因此就形成了追求统一的传统。这种共同体统一意志，尤其表现为大型水利设施的建设——用今天的话来说，这就是"集中力量办大事"的产物。

马克思所说的"亚细亚所有制形式"的核心，就是"统一"，统一是共同体意志的体现，而它的对立面就是分裂。而大型水利工程的政治意义，就在于它"表现为更高的统一体"。表现为车同轨，书同文，统一的市场，统一的法律。

简而言之，"亚细亚所有制形式"的核心问题，便是"统一"与"分裂"。从世界历史看，中国统一的时候多，分裂的时候少；西洋史则相反，统一是变态，分裂是常态。马克思又继续分析说，在广土众民的定居文明之外，人类共同体发展的第二种形式就是抢劫和掠夺，它的方式是战争，这就是马克思所谓"古代所有制形式"。希腊城邦就建立在战争与掠夺的基础上，是最典型的古代所有制形式。在希腊城邦所有制形式中，战胜者是主人，战败者是奴隶，主奴关系的确立，这就是黑格尔叙述世界历史的起点，也是黑格尔与马克思叙述历史的一个重要区别。

地中海文明就起源于战争与掠夺，这是其不同于中华文明的鲜明特点。

人类共同体发展的第三种形式是商业，这就是马克思所谓"日耳曼所有制形式"，作为占领者，日耳曼人居住在城市据点里，他们的生活，依赖于商业的供给，正是商业把中世纪欧洲的城市与农村，把地中海文明与欧亚大陆文明，把不同的共同体形式联系起来，欧洲的商业就是这样在中世纪发展起来的。

马克思和黑格尔都认为人靠共同体而生存与发展，但说到共同体的形式，马克思的手稿里面，讲了迁徙、定居、战争、商业、劳动、资本六种形式，而黑格尔则只讲了战争和劳动这两种共同体的形式，他更把这二者之间的转变，视为古代共同体向现代共同体的转变。

从战争的共同体向劳动的共同体的转变，这就是黑格尔的主人—奴隶辩证法的核心。

黑格尔在《精神现象学》里说，主人因为战胜而享受奴隶的服务和劳动成果，奴隶因为战败而被迫劳动。但是，在劳动中，奴隶却创造了一个物质的世界，更重要的是——奴隶在被迫的劳动中，在不断改造着物质世界的同时，也不断地提高着自己的劳动技术，从而通过劳动这种"自我教育"，不断改造着自己的主观世界，不断提升自己，改造自己，发展自己，这就是黑格尔辩证法的基础——主人与奴隶的辩证法。

辩证法的实质就是变化，而主人的特点是不能变化，拒绝变化，因为变化就意味着他垮台，就意味着其丧失主人的地位，所以，主人是没有发展的可能性的，主人没有辩证法，所以他在"夺取政权"时就失败了——主人在胜利的那一刻就失败了。而奴隶渴望变化，他在改造世界的劳动中，不断改变着主观世界与客观世界，劳动创造了世界，这意味着奴隶创造了一个不断变化和发展的、充满可能性的世界。

劳动创造世界，奴隶创造历史——这就是黑格尔辩证法的实质，也是现代革命思想的实质，不过，这并不是马克思的发明，更不是毛泽东的发明，这是马克思、毛泽东从黑格尔《精神现象学》里读出来、继承来的东西。

实际上，从劳动的意义定义现代性的巨著，是黑格尔的《精神现象学》，而不是马克思的《资本论》。《资本论》的伟大贡献，是从"资本"的角度定义现代性，对资本的论述，才是马克思对于现代性最大的贡献。《资本论》对于资本的论述，最核心的在其第三卷，这一部分是从马克思早期的《黑格尔法哲学批判》和《1844年经济学哲学手稿》发展出来的。但非常可惜的是，由于恩格斯的修改，这一部分与《黑格尔法哲学批判》和

《1844年经济学哲学手稿》的有机、必然联系，被割断了。而在后来的《资本论》研究中，这一部分最不受重视。

研究西方哲学社会科学，我们一定要知道，在经济上提出劳动价值论的是亚当·斯密，提出剩余价值论的是李嘉图，在政治上倡导劳动价值论的是洛克的《政府论》，而从精神现象学角度，深刻论述了劳动创造世界的则是黑格尔。

黑格尔还说，如果单挑，奴隶永远干不过主人，这是因为奴隶怕死，主人不怕死。但是，如果奴隶通过劳动和交换，搞出个市场经济和"市民社会"，并在此基础上搞出一个现代国家这种共同体的新的、绝对的形式，那主人就彻底废了。因为在这样的制度下，在这种新的人类命运共同体中，每个人都是劳动者，也都是交换者、所有者，他既是一个个人，也是一个主权者，既是特殊性，又是普遍性——这就是卢梭《社会契约论》的逻辑，也是法国大革命的逻辑，从此之后，就不再有主人与奴隶，从此"世界是平的"——历史到此终结。

人类将不再通过蛮力斗争，而通过商品交换达成"互相承认"，而西方的斗争，到了黑格尔，也就此终结。马克思是从被黑格尔终结的历史那里出发，开始了他伟大的思想。

黑格尔说，劳动共同体，这是最后、最高的共同体，奴隶通过劳动和集体斗争，在改造客观世界的同时改造主观世界，最终消灭了主人—奴隶的关系，实现了辩证法。

马克思完全不赞成黑格尔的历史终结论，他认为，劳动不是最后一个共同体的形式，而只是一个过渡期，这个过渡期标志着马克思所谓"资本主义的原始形成"，随后到来的资本主义社会，表现为资本对于劳动的支配。

马克思指出，黑格尔所说的人类最后的理想社会，就是资本主义社会，这个社会的支配力量是资本，而不是劳动，此前的一切人类社会，都是靠共同体而生存、发展。但是，只有资本主义是特殊的，这个社会的最大特殊性在于：资本以技术为武器排斥、打击劳动者的联合，它不需要人类共同体，不需要人类劳动，甚至根本就不需要人。在这个社会里，人将会变成普遍的"宅男宅女"，他们只跟机器玩，只跟钱玩，这个社会意味着共同体的瓦解，这个社会绝不是人类的理想，而是人类的灾难。

人是社会关系的总和，人活在这个世界上，最需要的是朋友、兄弟、姐妹，真正的同志关系只能建立在此之上，而不是取消这种关系。马克思、恩格斯的关系，就不是简单的同志关系，如果是严格的同志关系，马克思就不该拿恩格斯的钱，恩格斯也不该给马克思背锅。把同志关系理解为上下级关系，互相斗争、互相批判的关系，这十分可怕。

《政治经济学批判（1857—1858年）手稿》说，资本主义社会需要的是资本，不需要工人，不需要劳动者，因为这个社会的实质是"资本"，而不是黑格尔所谓"劳动"。马克思说："对资本来说，工人不是生产条件，而只有劳动才是生产条件。如果资本能够让机器，或者甚至让水、空气去从事劳动，那就更好。而且资本占有的不是工人，而是他的劳动，不是直接地占有，而是通过交换来占有。"[1]

《手稿》里最深刻、最具当代意义的一节，就是"机器体系和科学发展以及资本主义劳动过程的变化"，在这里，马克思提出，利润的驱动决定了科学发展的方向，而资本主义的劳动的最终理想，是以机器代替人，是以机器人体系代替人类社会体系，最终，就是一个机器的体系，代替了人类命运共同体。

这个手稿的最后一部分是"资本主义条件下和共产主义条件下的社会生产力"，其中，马克思简要地说，共产主义是联合起来的工人阶级共同体去掌握机器体系，是工人阶级的劳动共同体支配机器人——"它们是人的手创造出来的人脑的器官；是对象化的知识的力量"——而不是机器人支配人类社会，马克思最后以猜想的口气

1　《马克思恩格斯文集》第八卷，人民出版社，2009年，第150页。

说，这里的第一步是"机器一旦比如说变成联合的工人的财产"。

用今天的话来说，数字技术、人工智能是重要的，机器人是重要的，正如华为是重要的一样。而真正重要的是，机器体系作为武器掌握在谁的手里，资本掌握在谁的手里，用来打击谁，于是，最重要的在于马克思手稿里的最后一句话，即新的人类命运共同体，将怎样"以改变了的、由于历史过程才产生的新的生产基础为出发点"。

《资本论》是未完成的，这不仅是指马克思生前只看到了第一卷的出版，而后两卷是由恩格斯帮助整理，在马克思去世后发表的。更为重要的是，如果加上《1844年经济学哲学手稿》，为了创作《资本论》，马克思其实写了四个手稿，如果不研究这四个手稿，恐怕就很难懂得，马克思究竟是在怎样的艰难曲折中展开他的思想的。非常可惜的是，对这四个手稿，给马克思介绍出版商的拉萨尔看了很不满意，更要命的是，恩格斯也不满意，燕妮读后甚至说，自己"对卡尔的写作天才产生了怀疑"，这对马克思产生了非常沉重的打击，他因此不得不抛开手稿的思路，另起炉灶。

"伟大也要有人懂。"谁都不容易，马克思更不容易。现代有两个革命，一个是黑格尔思想指导下的革命，这就是建立市民社会共同体，人们通过彼此交换劳动产品而达成彼此承认。还有一个就是马克思主义指导下的革命，那就是劳动者掌握科学技术，掌握资本，而真正当家做主。

简单说，这就是黑格尔与马克思的关系。

1943年8月8日，毛泽东在中央党校二部演讲，提出要进行两个革命，一个是新民主主义革命，一个是社会主义革命，前一个革命是后一个革命的基础。但是，如果不进行第二个革命，如果劳动者不掌握科学技术，不掌握资本，劳动者就不能真正获得解放，文件上规定的"劳动人民当家做主"就是空话。

毛泽东后来又说，新民主主义关好过，社会主义关难过。要过新民主主义关，就要过黑格尔这一关，毛泽东的话是很对的——不读黑格尔，就不懂马克思。

在延安，毛泽东爱读逻辑学。胡乔木说，逻辑学这种书，我一天也读不了两页，毛泽东开导他说，逻辑学、辩证法，这不是书本上的公式，这就是世界的本质，是历史的本质，搞革命，需要读逻辑学。

斯诺后来问毛泽东，在延安的时候，他从哪儿搞来马克思的书读？毛泽东的回答是：那个时候，我主要是读黑格尔的书。

《实践论》《矛盾论》都是血写的，而不是照抄斯大林。可惜，如今这个世界上，到处都是反黑格尔主义者，根据他们的逻辑，这个世界上永远有掌权者和无权者，因此永远有主人和奴隶，奴隶的理想就是成为主人，即奴隶和主人在希望拥有权力这一点上，并没有区别。因此，也就没有现代与古代的区分，没有法国大革命与王权专制的区分，没有毛泽东与蒋介石的区别，历史不过就是权力的轮回。

要成为马克思主义者，首先要过黑格尔这一关。但是，现在大多数的读书人，不是没过马克思关，而是连黑格尔的关也没过。连黑格尔的现代观都没过，谈什么现代化、现代性，谈什么现代思想、现代文学？

连黑格尔的现代观都没过，谈什么过社会主义的关？

过黑格尔关，过现代观，意味着要确立这样的信念——相信奴隶创造历史，劳动创造世界，人民群众是人类历史发展的真正动力。

今天，处在延安时代共产党人那个平均年龄的人，无论在美国还是在中国，还能干出他们那样惊天动地的事业来吗？时代不同了，在全球化的时代，美国与中国的年轻人，面临着同样的处境。

写下《大地》的赛珍珠和写下《红尘》的海伦·斯诺，如果生活在今天，会面临着这样的局面——由于农业的现代化，由于机器生产已经成为农业生产的主要方式，所以，今天已经不需要众多的从事农业的劳动力了，农村青年的出路是进城打工，"大地"与"红尘"作为世界的背景，在他们面前消失了。

由于技术的发展，特别是人工智能技术的发展，工作越来越依靠机器来完成，人类的劳动越来越不重要了。于是，对于年轻人来说，依靠劳动，找一份可持续的工作，追求可持续的收入，变得日益艰难——无论对于中国还是美国来说，都是如此。

为了争取劳动的权利，为了建立一个劳动的共同体而斗争——这一主题没有过时，但是，今天这种斗争越来越艰难了。

靠一个国家，靠一种文明，不能建立人类命运共同体，共同体必须平等包容不同文明。在这里面，不能没有中国，也不能没有美国。

那么，什么是今天的中国和美国所面临的共同问题呢？

今天，人们往往把中美竞争理解为高科技（人才）的竞争，但是，当年使美国的知识精英心向延安的是他们都有一个追求劳动的共同体。冀朝鼎的夫人莱文一家都是如此。莱文对于冀朝鼎的帮助与影响，如同凯瑟琳对于奥本海默，他们都曾因献身国际劳动共同体而受到中情局调查。

技术和知识精英永远是重要的，但问题在于他们是为资本还是为劳动服务。因此，这就是毛泽东与白求恩的共同点。今天的年轻人，无论在中国还是在美国，争取劳动的权利，争取一个可持续的稳定的劳动收入，这是使他们团结起来的目标。正如1937年，一些高尚的美国人与中国共产党人在延安会面，他们的目标与我们今天一致。

中国人民是伟大的人民，美国人民是伟大的人民。有人说，时代的灰尘落在每一个个体身上，就是一座大山，但是，只要中国人民与美国人民团结起来，去为了上述共同的目标抗争，人类的前途就是光明的。

第三篇　波　罗

一　"根脉"与"魂脉"

我们讲中国传统，不能只是局限地讲前现代的传统，因为以中国化马克思主义为指引的革命、建设和改革的理论与实践，已经构成了我们思想与现实的一部分，传统是"根脉"，中国化马克思主义是"魂脉"，脉的意思，当然是一脉相承。

同时，讲传统文化的时候，不能独尊儒术，不能说儒家是领导，其余都是被领导，中华文明是建立在包容基础上的生命有机体，言其体，则儒释道和合，论其用，则儒法互补，但这还不够——因为它还有广泛地融汇吸收其他各种文明的能力，因此才能推陈出新，创造出现代新文明。

这个现代新文明首先是中国的，是有着中华文明鲜明特点的，起码表现为以下三个方面。

首先是共同体，特别是基层的共同体。我曾经提出，我们研究历史，要上看货币财政，下看基层组织，更要以世界大势之变迁为背景。中国的复兴，靠的是基层组织的顽健。

中国的共同体，首先是家庭、家族，这是儒家格外强调的，而三长制、乡党制，这是秦的制度发明，植根于西北地区，三长、乡党是家族之外，又一种共同体形式。此外，中国的行会共同体发明得很早，墨家的"矩子"，就是手工业者的组织，师徒共同体，源远流长。亲戚、同乡、师徒共同体，又渗透到社会的各个方面，如在教育方面，"同窗"在科举制度下发展为"同门""同年"，晚清以来，又在军队里发展出"哥老会"这种极为重要的组织形式。西方最顽强的共同体形式，莫若"教友"，而中国的共同体形式则远为丰富，概括起来说：亲戚、同乡、师徒、同学、"战友"，这一系列关系组成了共同体的纽带，"党内无党，帝王思想；党内无派，千奇百怪"，不了解中国共同体形式之复杂系统，则无法理解中国基层组织力量之顽健，亦无法理解在此基础之上，如何进行社会转型，以创造一个"新社会"。

其次是伦理。中国最大的学问是伦理学，毛泽东说，一切学问都宗于伦理学，他说到了中国学问的要害。中华文明中，最高明神圣的莫过于道，而我们所说的"道"，不是柏拉图那种自外于世界的理念，更不是基督教的彼岸世界，从来诸子百家论道，皆以为道在寻常日用之中，为百姓所日用不觉。中国的"道"，其实就是伦理。

西方文明讲真理，但以为世界上只有一个真理。近代以来，科学就是真理，科学没有伦理目的，伦理学边缘化了，而这就容易走向以真理为名的极权。我们共产党人讲为真理而斗争，但更讲实践是检验真理的唯一标准，真理与实践的统一，就是神圣价值与世俗生活的统一，是不是真理，那要看它是否符合人民对美好生活的向往，真理自身不能说明真理。

宇宙与人生的过程是否有意义，这是宗教问题。中国共产党讲信仰、讲意识形态、讲文化自信，这种文化自信当然不是宗教，却从伦理学角度，更深刻地回应了宗教提出的那些问题——有意义的生活是如何可能的，生命的终极意义究竟何在。毛泽东的"老三篇"就是这样，毛泽东以极为平实的语言，讲述了至高至正的真理，更讲述了普通人在世俗生活中如何践行和实现真理。一篇读罢头飞雪——它融合了儒家的乐天知命与慎终追远，法家的与天争衡与人定胜天，佛家的众生平等与悲欣交集，道家的有所为有所不为。它直面生死而超越生死，不及日用而不离日用，圣不易人，人皆可成圣，我心即民心，得人心者得天下大道，一切读过、读懂这三篇著作的人，应该都可生出无穷无尽之共鸣。中国的革命者，首先是"觉悟者"。理解中华文明，理解中国革命，不能离开这样的"觉悟"。

再次是"大同"意义上的平等。"大同"的平等，不仅是社会身份的平等，更是内在的、道义的、心灵的平等，人同此心，心同此理，同心同德，这叫"大同"。"大同"的平等，包纳了佛家的"众生平等"，而佛家的"智"，就是空性的"觉悟"。"不忘初心"，与孟子所谓"四心"之首的"人皆有恻隐之心"，所指向的也都是这种内在的、道义的平等。"但悲不见九州同""中国人民正在受难，我们的任务是去解救他们"，这与"无产阶级只有解放全人类才能解放自己"，以及"全心全意为人民服务"的宗旨，是高度契合的，也与中国道路要超越一切带有掠夺和压迫性质的霸权体系，从而将"中华人民共和国万岁"与"世界人民大团结万岁"并举是一脉相承的。我们要创造一个新中国，而新中国又是对现代民族国家的超越，因为它包含着更高的追求，这个追求就是以"天下情怀"去认识与构想一个新世界。

因此，谈论中国革命与中国共产党，不能离开我们脚下这块土地，不能离开中国人民的要求，不能离开中华文明的深厚底蕴。

无论中国革命是由哪个阶级领导的，革命、建设、改革都需要有力量去组织、去发动、要组织起来，首先就要依靠各种形式的共同体，从一家而至于一村，由一村至于一乡，由一乡至于一县，由一国而至于天下。由亲戚、乡党、师徒、师友、同学、战友，而至于同志。同志者，以天下为志业，天下至远至大，离开了前者，所谓"同志"就是空洞空虚的。

历史又告诉我们：中国革命早期的领导者，那些以天下为志业的先驱者和先觉者，实则主要来自中国社会的精英阶层，他们的组织能力，来自于他们的人脉——由亲戚、乡党、师徒、师友、同学、战友，从一家而至于一村，由一村至于一乡，由一乡至于一县，由一国而至于天下。他们具有深广的历史视野，宽阔的世界眼光，家国天下的奋勇担当，敢于牺牲的革命斗争精神——他们大多家庭殷实，往往是绅士和有产者中最具理想和抱负者，如果单纯从经济地位上说，像马克思、恩格斯一样，他们大都不是无产阶级出身。

如果把中国革命视为中华文明内部的革命，把中国革命视为中华文明一次伟大的凤凰涅槃和浴火重生，那么，中国的社会精英如何具备了革命和自我革命的思想，如何成为革命的先驱者和发动者，他们怎样在远离了立场犹疑、见风使舵、具有投机性的资产阶级的同时，又背弃了自己绅士和有产者的生活，与脚上有牛屎的农民结合在一起，通过自身和自己家族的残酷牺牲，在波澜壮阔的革命中，把中华民族和中华文明从深重灾难中解放出来，这是一个极为深刻动人的历史壮举。

中国革命是一场深广的人民大革命，但是，如果没有精英分子的参与、发动乃至领导，没有他们大无畏的牺牲奋斗精神，没有他们主动地与人民结合在一起，没有他们如此彻底地"放下"——"放下"自我和自我利益，中国革命的发生、发展与胜利都是不可想象的。毛泽东说过，看一个知识分子是否是革命的，主要看他是否愿意与人民大众相结合。而精英分子在中国革命中的作用，或者"革命精英"在中国历史发展中的作用，乃是一个值得深思的问题。

因为怀抱着这样的问题，我在暑假即将结束的时候，接受了友人盛意的邀请，从华北平原跨越太行和吕梁，飞向千里之外的陕北。陕北，是中华文明的发源地，而上世纪30—40年代，陕北成了中国革命的故乡——是东方红诞生的地方。

二　横山与波罗

此行的第一站，是榆林的横山。延安和榆林，一南一北，是陕北的柱石，榆林所辖诸县市里，向南直线方向，正对着延安的，就是横山。

横山并不是一座山，而是一条山脉，是陇山山脉的分支，它从甘肃六盘山出发，穿宁夏、进陕北，一路绵延浩荡，奔向黄河岸边，而背靠毛乌素沙地，向南面对黄土高原的横山，简直就是这样——赤条条、无牵挂地横站在农耕文明与游牧文明的分界线上。

陕西多山，而陕西省唯一以山命名的行政单位，便是横山。"横空出世""横扫千军"，一往无前，横山是一个极其霸气的名字。北岳恒山，南岳衡山，同声异字，恒与衡，显然比横要含蓄、内敛得多。湖南人以"霸得蛮"著称，但还不至于把"横"写在脸上。于是，在中国，民风如地名的地方，恐怕再找不到第二个。

横山，古称银州，党项人李继迁和李元昊，就是从这个地方出发，打到银川去的，他们建立了西夏王朝——先有银州，后有银川，地名变迁，讲述的就是西夏王朝的来历。

明末，生于横山与米脂交界处的李自成，也是从这里出发，打到了北京的紫禁城。而在伟大的中国革命中，横山人高崇德（高岗）就是在这里举起红旗，"三号号的盒子红绳绳，跟上我的哥哥闹革命。你当红军我宣传，咱们一搭里闹革命多喜欢"——在横山的信天游里，陕北的中国革命多么浪漫，何等多情，既慷慨激昂又婉转曲折，一曲《横山里下来些游击队》，至今思之使人泪落。

而在当地方言里，横，其实读作"混"，"混"的意思，就是干、做，就是做事、干事，就是要干事、要成事，就是能干事、能成事。不顾一切地干，无所顾忌地干。这里的意思，如果用如今全国人民都耳熟能详的话翻译一下，大概就是：下定决心、不怕牺牲、排除万难，去争取胜利；就是不断奋斗、永久奋斗；就是"不干，就半点马克思主义都没有"。

然而，李继迁、李元昊、李自成早已远去，岁月似乎剥蚀了历史的辉煌，枣湾、羊圈、干沟子，土洞、沙梁、柠条山——横山一路所及，扑面而来的，大都是这些"土得掉渣"的名字，对我而言，唯一例外的地名，其实只有一个，那就是波罗。波罗这个名字仿佛是从历史中跳出来，让你不由得眼前一亮。

"波罗"，因佛寺而得名，横山此地大兴佛寺，时在北魏。修建了云冈石窟和龙门石窟的鲜卑人，在此建一片浮屠，把佛教文化由草原大举推向了中原大地。

鲜卑人崇佛、礼佛，一是因为，面对着中原发达的礼乐制度，游牧民族非将自身神圣化，便不能确立文化自信，佛教就是鲜卑人将自己的组织形式、政治和文化神圣化的方式；二是因为，在挺进中原的过程中，鲜卑人深刻地认识到，只有最彻底地"放下"，只有"放下"自己粗犷简陋的风俗、治理方式，从而将自己融入中原的礼仪、文明、制度和治理体系，才能站稳脚跟，才能建立一个美好新世界。

"波罗"这个名字当然是外来的，它取自"般若波罗蜜"。

般若意为"智慧"，"蜜"的意思是"去"，而"波罗"是指"光明、美好的世界"，般若波罗蜜，意思就是引领你去光明、美好世界的智慧。而般若波罗蜜，讲的就是：唯有"放下"自我，才能求得解放和解脱——这是个极为深刻、朴素的道理。

横山有大河，最著名的是无定河——就是古往今来，多少诗词名篇，都写到的那条令"深闺梦里人"魂牵梦绕的边河，无定河划开了中原与草原，是两种文明和生产方式的纽带，无定河两岸，经历史长河冲刷出的台地草甸，蒹葭苍苍，在我们的先人渔猎耕耘了五千多年的台地上，耸立着一座庄严的古寺——接引寺。接引寺是波罗的地标，接引的意思，其实就是般若波罗蜜，即引导你去光明、美好的世界。

背靠草原、面向中原的接引寺的后山上，有古城堡一座，名波罗堡。明代军、政两分，榆林镇（延绥镇）沿着明长城，有三十六营堡，横山境内有五堡，波罗堡即其一。岁月如烟，多少英雄豪杰，就是从这里出发，高举战旗走进了历史，站在波罗堡上，面对无定河两岸蒹葭苍苍，顿生无限感慨，而同时又感到心中茫然，些许感想与感动，无从说起——只是心里明白，自己不虚此行。

导引我进入此地历史的，是一个被临时抓差来讲解的当地老者，他固然极为博学，但是，却一句普通话也不会讲，由于口音的原因，我对他讲述的来龙去脉，起初听得很不周详，然而，我分明感到，在他看似平淡、慢条斯理的叙述中，却传递着历史沧桑，而在难解的方言叙述背后，则隐藏着极大的契机与奥秘。

读书，总需与行路联系在一起，在路上，在行走中，往往因为一时一地的触动，你会于刹那间，顿悟书本深处隐藏着的历史奥秘，这就是所谓际缘。"际"，就是实际，因为接触了实际、实地，而触发了你对缘即隐藏在宇宙间无形的规律的理解，因此，所谓际缘或许就是毛泽东倡导的"实事求是"的要义。

我当然知道，当时在波罗堡上，有太多的东西我没能听懂、弄清，正如那位口音浓烈的老者，他自以为是"常识"的东西，实则大多却是人们闻所未闻的传奇，在讲述者和聆听者之间，总是有太多的盲点、空白与中断需要补充，需要学习者自己去感悟，也只有这样，才能把讲述者传递的模糊，化为自己心中的明白，这个过程是逐渐的，但它却使埋藏在历史深处的故事清晰起来，正是这个反思的过程，方才能够使久被埋藏的传奇，因为岁月的洗礼而熠熠发光，直到在讲述者声音之外，你开始听到另外的声音——那是来自自己内心的呼唤。

在一个遥远的地方，顿悟了什么是"放下"、什么叫祛除利益取舍，何谓祛除烦恼、恐惧，油然而生"解放"和"解脱"，何谓引导人们去光明、美好世界的智慧与顿悟，什么是般若波罗蜜的要旨，这就是波罗这个地方给予我的，是我此行的收获。

三 富平胡家

"波罗"触发我的，起初是一个鲜为人知的故事。这个故事并不平淡，尽管在那个口音浓烈的老人看来，这似乎已经是一个尽人皆知的老生常谈。

这个故事说的是：1946年，在关乎两个"中国之命运"的历史抉择焦点上，在人民解放战争拉开序幕的时刻，也就是在"波罗"这个地方，发生了被后来证明是扭转陕北战局，决定中国命运的大事件——横山起义。

1946年夏，胡宗南部由南向北，驻守榆林的邓宝珊部由北向南，形成南北夹击、进攻延安之态势，而当时的中共中央似乎只有一条退路——东渡黄河，去往山西——不得不全面放弃陕甘宁根据地，这就是中国革命和中国共产党当时所面临的巨大危局。

欲取延安，必取榆林，欲固榆林，必重横山，因为横山向南，正对着延安。

而大危局的转变，往往具有壮烈的风格。1946年10月13日凌晨，驻守横山的国民党二十二军一部和陕北保安部队大部共5000余人，在时任国民党陕北保安指挥部副总指挥胡景铎、时任国民党晋陕绥司令部少将参议胡希仲等人的率领下，于横山波罗堡通电全国，宣布起义，投向延安。横山起义爆发，使得陕北的大部分地区，一朝回到了共产党手中。这是一个令人震惊的事件。蒋介石的一手好牌，因此被釜底抽薪。

那个时候，国民政府是"合法政府"，背后有美苏两强的承认与支持，共产党代表的则不过是"边区政府"，延安之外，中共在全国只有几个零散的根据地，这就是1946年夏天，国共两党一清二楚的实力对比情况——一旦考虑到这个现实就会明白，横山起义者选择的是怎样的道路。他们为这样的选择，又准备付出怎样的牺牲。

横山起义，对于解除延安北方重围，起到了关键作用，对于毛主席做出转战陕北的伟大战略决策，也起到了关键作用。实际上，如果没有延安北方局势的松动，毛主席就没有转战陕北的广阔战略空间，横山起义是在局势万分危急、十分不利于共产党的情况下发生的，它与解放战争后期国民党军队的倒戈起义完全不同。

而率部起义的胡景铎、胡希仲叔侄二人，都是富平人。他们率领的起义部队，主要由富平抗日子弟兵构成。

富平在关中之东，而榆林处在陕北之北，富平人带兵北上，当然是因为国家危亡，民族危急。不过从历史上看，关中富，陕北穷，陕北的事，一向是由关中人来管。

晚清到民国，关中富平最有名望的家族，是胡家，这一家里，出现了叱咤风云的六兄弟。

长兄胡景翼，少年时代师从关中宿儒赵如笃，研习四书精要，又习武术，拜鹞子高三的大弟子为师，成为高家拳再传弟子，《胡景翼遗嘱》开头即自述其志曰：

"予自束发受书，闻古今治乱之事，即慨然有志于澄清，乡曲老生，同学少年，或嗤为诞妄，予亦不求其知谅。"[1]

这说明，他少年时代就很有人望，在乡里和同学中，都有广泛的人脉。在三原读书期间，胡景翼结识了邻县蒲州大财主的儿子井勿幕，井勿幕曾留学日本，1906年回国创办了同盟会陕西分部。1910年，胡景翼经井勿幕介绍参加同盟会，成为革命会党的成员。事实证明，胡景翼的加入对于陕西革命极为重要，因为他不仅是个读书人，也是高家拳的传人，正是通过这个武术组织，胡景翼联络上了军队里的哥老会，而陕西新军中，有大量的哥老会成员，在加入同盟会的同时，胡景翼也加入了哥老会。

1910年7月9日，同盟会、哥老会在新军中的成员，在西安大雁塔举行结盟仪式，形成了更大的同盟，其中胡景翼的作用是最大的，与同盟会的知识分子不同，胡景翼认识到哥老会和军队的力量。1911年10月10日，辛亥革命爆发，未冠之年的胡景翼随即利用新军哥老会的力量，组织富平民军，发动耀县起义，迅速占领关中，随后率领蒲（州）富（平）乡兵与清军血战于潼关，展现了杰出的军事才能。袁世凯继任临时大总统后，胡景

1　《胡景翼遗嘱》，收入李凤权《胡景翼传》，陕西人民出版社，1991年，第221页。

翼解甲东渡，在日本，经于右任、井勿幕介绍，认识了孙中山，孙中山派他回国，继续陕西革命，回国后他举起陕西护国军旗帜，挥师出关，进入河南。1918年，联合曹世英等人组建陕西靖国军，并邀请于右任回陕出任总司令。1924年，胡景翼联合冯玉祥、孙岳一起发动北京政变，推翻曹锟、吴佩孚北洋政府，组织国民军，任副司令兼第二军军长，同年11月，率国民军进驻中原，任河南督办，力邀孙中山北上，完成统一大业。

胡景翼一生主张反抗帝国主义，倡导民主政治，践行孙中山"联俄联共扶助农工"三大政策，杨虎城、邓宝珊、高桂滋等皆为胡景翼部将。孙中山应胡景翼的邀请北上，加上苏联的支持，中共北方支部的发展，特别是胡景翼的军事力量，国民革命已经形成南北呼应的局面。李大钊曾经这样评价胡景翼："与我党合作之最可靠者，非此君莫属。"然而，非常不幸的是，1925年3月12日，孙中山在北京逝世，1925年4月，胡景翼因毒疮发作，病逝于开封，去世时只有34岁。北方的革命，遂遭遇巨大挫折。

在短暂的革命生涯中，胡景翼经历了多次起义、流亡与失败，在1919年的《登高楼歌》中，他这样吟唱道："大风起兮雨滂沱，时不利兮身困网罗。身困网罗兮发悲歌，国步艰难兮愁奈何。呜呼！国将奈何兮民将奈何！"

天不假年，英雄气短。把"以死报国革命"作为人生追求的胡景翼从未想到，自己的生命竟然会如此短暂。临终前，他慨然写道："予今三十有四，报国心长，而事业未半，赍志以殁，诸将士但能遵此遗嘱，长报国家民族，以成予志，予将含笑九泉！双亲在堂，而遽至于此，实为不孝之尤，诸弟其善养双亲，报效国家，以补予罪。"

胡景翼去世后，他的军队交给了部将杨虎城、邓宝珊、高桂滋、井岳秀。井岳秀是井勿幕的哥哥，1916年被胡景翼任命为榆林警备第三区司令，号称"陕北王"，就是他创办了榆林中学，并任命米脂人杜斌丞担任校长。

忠孝节义，是富平胡家的门风。郡县族望，书剑传家，胡景翼去世时，他的五个弟弟尚幼，但却与杨虎城、邓宝珊、高桂滋、井岳秀同辈，在这些部将眼里，大哥的弟弟也是自己的弟弟，旧主的骨血，就是必须扶助的"幼主"。

胡家六兄弟中，年纪最小的是胡景铎，他与侄子——也就是大哥胡景翼的独子希仲，年龄相仿，胡景铎、胡希仲叔侄俩一起长大，一同进学。我们还知道，在富平立诚中学读书时代，胡家叔侄有一位同窗挚友，名叫习仲勋。习仲勋家贫，要保住立诚中学的奖学金，就必须每次考第一。

立诚中学就建立在富平胡家祠堂对面，是胡景翼为培养革命事业接班人而创建的，校名为孙中山亲笔题写。

在为数不多的讲到横山起义的历史文献中，研究重点都放在习仲勋、师源等人与胡家叔侄之间的"革命友谊"之上，但是我感到，如果离开了中华传统文化的底蕴，离开了陕西这块土地，离开了陕西、富平推重的家风门风，离开了厚植于这块土地上的乡党气节，仅讲"革命友谊"，恐怕还是难以解释他们之间那种特殊交往，难以阐明那种侠肝义胆的生死情义。

习仲勋是横山起义的策动者，是胡家叔侄走上革命道路的引领者，但与"引领者"比较，我深感——"接引"似乎是一个更为准确传神的词，而接引的意思就是"波罗"。对于当时的中国人来说，革命的学说，其实也就是引导你走向光明、美好世界的智慧。

陕西和陕北，在上世纪的30—40年代，为什么会成为中国革命的故乡？中国革命思想中，怎样包纳着这块土地上所孕育出的漫长、深刻、朴素的智慧？革命与传统的关系究竟是什么？同窗、同乡与同志之间的关系是什么？进而言之，革命理想与家国情怀，与礼乐之制的关系又是什么？

这是我思考的问题。

四　礼与义

陕西，是周的故地，周礼，是中国制度的肇基。

礼，《说文》解释为盛豆的器皿，王国维则认为是盛玉的器皿,《礼记·礼运》说:"夫礼之初,始诸饮食。"礼,起源于吃食的文明化,简而言之,最初是指给祖先上供吃食的仪式,而又发展为吃饭的仪式和规矩,后来,就把所有各种尊敬神和人的仪式,一概称为礼。

由人与神交往的仪式,发展为人与人交往的仪式,这个变化发生在西周,而从"敬神"走向"敬人",在世界诸文明中,中华文明的"人文化进程",开始得最早,进行得也最为彻底。

"是故夫礼必本于天,殽于地,列于鬼神,达于丧、祭、射、御、冠、昏、朝、聘,故圣人以礼示之,故天下国家可得而正也",礼的内容,似乎无所不包,但是,敬天法祖、衣食住行、婚丧嫁娶、迎来送往——这四者,乃是礼的主干,是中国老百姓的日常行为规范。礼,就在中国人民的生活中,为中国人民日用而不觉。

而三礼(《周礼》《仪礼》《礼记》)之中,《仪礼》最古,其中《仪礼·士相见》,讲的就是社会精英之间的交往准则和习俗。简而言之,"士与士相见"并非我们今天所理解的那样——简单的直接见面。实际上,在见面之前,他们必须要通过"傧者"(捎信人)传达邀请,要通过书信和礼物"礼尚往来",总之,必须事先通过"礼仪"表达诚意。而这就决定了,书信、"傧者"和礼三者,在中国社会精英的交往中所起到的关键性作用。

岁月沧桑,经过现代化和西化的洗礼吹打,绵延几千年的交往方式、交往规范、交往礼仪，早已经被电报、电话等现代信息技术的交流、"沟通"所替代，甚至已经被单刀直入的"谈事"所抹杀，士与士相见的"见面礼"，即相见的规则、行止的规矩，特别是相见礼仪的慎重、庄重乃至庄严，在精英阶层的"大传统"里逐步褪色远去，却在民间的"小传统"中，似乎依然顽强地保留着。

于是，研究这段历史，最发人深省也最吸引我的，乃是习仲勋与胡希仲之间、胡家叔侄与亲朋好友之间大量的书信往来，这是他们交往的方式，而无私的"革命友谊"，就建立在这种庄重的礼仪之上，是厚重的礼乐制度的现代升华。

这些书信古风盎然，充满诗情画意，既是精美的书法作品，有些甚至可以当作优美的散文来读，而书信中隐约有一个共同的主题——天下家国，中国的前途，人类的命运，宇宙的运会，以及各自的理想抱负。

讲到恰同学少年，毛泽东曾经说："我的朋友和我只愿意谈论大事——人的天性，人类社会，中国，世界，宇宙！"[1]

"乡曲老生，同学少年"——这是胡景翼临终前所念

1　埃德加·斯诺《西行漫记》，董乐山译，生活·读书·新知三联书店，1979年，第123页。

念不忘者，而天下与国家，这恰恰也是胡家叔侄和习仲勋共同的话题，及至他们离别家乡，各奔东西，依旧还是通过书信，通过信使，通过互赠礼物，继续热烈地谈论着这些话题。于是，不绝的书信、信使和礼物，就成为联系这些伟大理想，传递这种高尚情义的方式和纽带。

天下兴亡，归根到底，是"乡曲老生，同学少年"这个礼乐共同体的兴亡，要保天下，归根到底，就在于这个礼乐共同体的凤凰涅槃、浴火重生。

耕与读，书与剑，家与国——这是陕西士子最为重视者，是他们安身立命之所系。这种礼仪、这种高尚的交往方式，恰是当下只会打电话、发短信，通过微信"聊天"的人们，所格外陌生的。这种交往方式，恰恰又是为擅长在电脑里查资料的历史研究者们所忽视的。

"由三代而上，治出于一，而礼乐达于天下"，礼，是中国人的交往方式，而就是通过这样的方式，出身于陕西贵胄之家的胡家叔侄，维系了与少年时代的同窗好友、共产党人习仲勋的情义，通过往来不断的书信、互相的馈赠，以及奔走于他们之间的信使，他们交流着彼此的理想，维系着个人情义，同时，更维系着千百年来，为中国人所推崇的高尚的操守。正是通过这种"礼尚往来"，胡家叔侄，方才一步步地冲破艰难险阻，不顾一切地回到了人民的怀抱。

礼物馈赠，是这种"礼尚往来"的重要方式。

1939年，为了抗击日本侵略者，胡希仲在富平组织抗日义勇军，带领富平子弟兵离开渭北家乡，奔赴山西前线，编入高桂滋的八十四师。当时，正担任陕甘宁边区关中分区书记的习仲勋，捎书给胡希仲，并附上二百银圆，以壮军需，"烽火连三月，家书抵万金"抒发的是他们共同的情怀。在八十四师担任营长的胡景铎统领下，胡希仲率富平子弟兵在中条山与日军展开激战，"胡营楞娃"一战成名。那一年，胡景铎25岁，胡希仲只有22岁。1940年夏，胡希仲因重病，被送回西安治疗，"渭北子弟多才俊，卷土重来未可知"——在给习仲勋的书信里，胡希仲如此表达了再招富平子弟，重上战场杀敌的雄心壮志。

　　书信、礼物之外，信使的选择是至关重要的。

　　1943年冬，习仲勋从绥德派侯金榜赴西安看望胡希仲，侯金榜在途中（耀县）被捕，这位信使叛变了，他"背信弃义"，交出了习仲勋给胡希仲的信，且供出了两人之间的关系，尽管习仲勋的信中叙述的皆是兄弟情义，陈说的都是家国大义，其中并无任何不利于国共合作的内容，但狭隘多疑的蒋介石，却据此认为胡希仲"通共"，盛怒之下，蒋介石亲自批示西安行营主任熊斌："就地处置"胡希仲。

　　蒋介石的横霸，是典型的"无礼""非礼"之举，不但触动了陕西"乡党"，更触动了"礼尚往来"的礼乐共同体，触动了中华文明的基础，当然也触动了国共合作、一致对外的基础——此事震动了国民党高层，在国民党元老高桂滋、于右任、冯玉祥、张群、邓宝珊等人强力斡旋下，胡希仲终得以免死，恢复了自由。

"本为斯民除暴政，谁知入水乃益深。"1944年春，胡景铎劝说胡景翼当年的部下高桂滋与共产党合作未果，而派人去找习仲勋，却一时又进不了边区，厌弃了官场争斗，看透了蒋介石消极抗日本质的胡景铎，怀一腔孤愤，"愤愤地离开了军队"，留下了一句"丈夫磊落掀天地"的感慨，而他的部下也陆续以告假还乡等名义，从驻地固原返回富平，"另作他图"。

1945年10月，高岗调东北工作，根据毛泽东提议，由习仲勋主持中共西北中央局工作，毛泽东当时说："要选择一位年轻的同志担任西北局书记，就是习仲勋，他是从群众中走出来的群众领袖"——那一年，习仲勋32岁。

1945年，胡景铎、胡希仲叔侄再次带领胡景铎旧部以及新招纳的蒲富子弟兵共一千多人，分两批借道甘肃、宁夏和内蒙古，跋涉两千余里，开赴陕北横山的波罗镇。富平乡兵，举家北伐，而胡景铎的夫人，也随军远征。这一次，胡景铎就任陕北保安指挥部副总指挥，胡希仲任晋陕绥边区总司令部参议，分驻在波罗和榆林。

实际上，对于胡景翼的作为，毛泽东在大革命时代就是熟悉的，而对于习仲勋与胡家叔侄之间的关系，毛泽东也是了解的。毛主席从来没有忘记过富平的胡家。也就是从这个时期开始，胡希仲与习仲勋之间，终于又恢复了书信往来。

从那时起，他们汲取了此前的教训，信使的选择变得极为慎重。史料记载：1945年11月，陕甘宁边区延属分区专员曹力如赴榆林拜会军政各界期间，经中共地下党员、邓宝珊将军之女邓友梅的秘密安排，曹力如与胡希仲在邓宝珊的官邸见面。曹力如带来了习仲勋的牵挂，胡希仲则表明了他和胡景铎"早已急不可耐"，希望走向光明的心迹。胡希仲提出，今后派信使，可用富平立诚中学校长朱茂青的名义，立诚中学为胡景翼所创办，胡家叔侄都是学校校董，朱茂青常来要经费，因此，用立诚中学代表的名义传信，最为稳妥。曹力如说可以照办，并留下大量法币和习仲勋赠送胡希仲的德国药品。

就是在这些由可靠信使传递的书信中，胡希仲敞开心扉，向习仲勋叙述了自己的苦闷、压力，乃至对蒋介石统治的不满和厌恶。在信中，他们谈人生，谈哲学，也谈诗词，而习仲勋则讲述了这样的道理：只有彻底放下自我，才有无限光明。胡希仲后来说，正是习仲勋信中这些坚定的语言，成为他当时最大的慰藉。

1946年春，习仲勋派出师源作为信使，两次进入波罗堡与胡景铎见面，师源与胡景铎也是富平同乡、立诚中学同窗，而他此时的身份是中共绥德地委统战部副部长。师源第二次进波罗堡，即向胡景铎宣布，经习仲勋介绍，中共中央批准胡景铎加入中国共产党。

此后不久，胡宗南授意时任西安绥靖公署军法处长、胡希仲的妹夫孙仁山，邀请胡希仲到西安居住休养。一方面是国民党的拉拢与监控，而另一方面，胡家叔侄则大义已决：抗战胜利后，胡家坚决要与蒋介石分道扬镳，走光明的路。

9月中旬，习仲勋派出西北局统战部部长范明，再赴波罗堡。这一次，范明带去的习仲勋亲笔信，是写在白绫之上——以白绫为信物，表心明志，此为"礼"之最高者。而接到白绫信物之后，范明和胡家叔侄商定了举行起义的准备工作。范明返回延安后，向习仲勋报告了起义准备情况，习仲勋等人立即前往枣园，向毛泽东作汇报。

最初起义的时间定在1946年10月10日，即双十节这一天，起义部队的番号，则定为西北民主联军骑兵第六师。其意在于继承辛亥革命和北伐精神，上述时间、番号，包括起义后的通电、起义时的接应，都经由中共中央和毛主席亲自审定。

10月5日，习仲勋在延安主持召开中共中央西北局和陕甘宁晋绥联防军联席会议，因陕甘宁边区接应的部队从休整地陇东集结到横山一线需要时间，遂决定横山起义时间推至10月13日。

1946年10月12日夜，接胡景铎通知，胡希仲离开榆林，于次日拂晓进入波罗。13日凌晨，胡景铎率所部5000余人发动了横山起义，随即解放了无定河以南5000余平方公里的辽阔区域——这些地区的解放，为此后党中央、毛主席转战陕北赢得了宝贵的回旋余地。起义通电蒋介石卖国独裁，投降帝国主义，妄图发动内战，滥杀无辜，陷人民于水火。电文宣告：继续靖国军精神，为和平建国而奋斗。

起义发生后，习仲勋即代表中共西北局方面，宣布组建西北民主联军骑兵第六师，胡景铎任师长。10月20日，接习仲勋电召，胡希仲到达延安。《解放日报》专文报道："胡景翼将军之子胡希仲到达延安。"

在延安，胡希仲与习仲勋久别重逢，胡希仲晚年的回忆文章说："我最喜欢的，是仲勋的性格，以及他那钢铁般的语言，对于处于危难中的我，这实在是最好的慰藉。"

1946年12月24日，毛泽东等中央领导同志在延安接见胡景铎等起义部队主要干部，毛泽东握着胡景铎的手说，景铎同志，你能在敌强我弱的情况下，下邓宝珊的船，上习仲勋的船，你选择这条道路是很正确的，骑六师的起义，给西北的旧军队指出了一条光明大道。

1996年，在为《横山起义》一书所作序言中，习仲勋这样写道："横山起义的胜利，是毛主席战略策略思想的胜利，是党的爱国民主统一战线政策的胜利，是正义和进步力量的胜利。横山起义再次证明了一个颠扑不破的真理：正义的事业是不可战胜的，支持正义反对邪恶，维护人民的根本利益，是我们党的根本宗旨和优良传统，以史为鉴，温故知新，继承和发扬党的优良传统，对于我们正在进行的建设有中国特色的社会主义伟大事业，依然是至关重要的。"

1958年9月7日，习仲勋回到家乡富平淡村小学看望师生。

1922年春，年满8岁的习仲勋进入这所学校读书。1926年春，习仲勋以优异成绩考入富平立诚中学，胡景翼为立诚中学亲笔题词："阐发最新的学说，陶冶理想的人格，创造健全的社会。"所谓"最新的学说"，就是指马克思主义学说。

立诚中学是渭北最早传播马克思主义的阵地之一，1926年5月，由宋文海、武之缜介绍，习仲勋在立诚中学加入中国共产主义青年团，时年13岁。正是在淡村小学和立诚中学，习仲勋与师源、胡景铎、胡希仲叔侄同窗共读，结下一生的情谊，也正是在习仲勋的"接引"下，胡家叔侄日后坚定地走上了为人民求解放的革命道路。

1955年2月，从抗美援朝前线胜利归来的胡景铎结束了戎马生涯，从部队转业到地方工作，任陕西省交通厅副厅长兼党组副书记。

1966年，是横山起义20周年。那一年，胡景铎在榆林调研期间路过横山，他提出去波罗堡看看。晚上，他与随行的同志闲谈说："我这一生有两件事做得坦然，一是起义，那是国民党发动全面内战之初，当时的局势，就是毛主席讲的敌强我弱，那个时候，我就是要革命，绝不是后来有些人说的什么——我在国民党那里混不下去了，到了兵临城下，才投向革命。二是参加革命工作后，工作安排上没讲过二话，党叫干啥就干啥，干工作的水平有高低，但就态度上说，我对得起共产党员四个字。"据说那一天，胡景铎独自一人，在波罗堡上站了很久、很久。

五 "围城"与坚守

一个民族、一个共同体内部，总是分为不同的阶层、等级，而与一定的生产关系联系，就是马克思所谓的"阶级"。最能考验某个阶层、等级乃至阶级对于自己民族、共同体担当的时刻，就是当着外敌入侵，当着民族危亡，当着民族不得不"冒着敌人的炮火，前进"之时。

在一个民族、一个社会之中，精英阶层总是少数，总是比较稀有的，而面对外敌入侵、民族危亡，精英阶层的选择不外乎两种：一种是自觉于自身之稀有和宝贵，率先逃走，以此保存"国粹"；而一种则是留下来，身先士卒、冲锋在前，使自己成了光，成了灰，燃烧照耀着人民奋起救亡的路。

1937年全面抗战爆发，钱基博先生随浙江大学辗转于江西泰和。面对日军的暴行、民族的危亡，先生忧心如焚，1937年10月20日，钱基博于《国命旬刊》第二期撰文《吾人何以自处》，其中讲了几个读书人的故事，如今读来，依然发人深省。

首先是《孟子》里说：曾子居武城，有越寇，曾子闻讯，立即逃跑，而且不但自己跑，跟曾子一起跑路的还有"从先生者七十人"，而当敌人撤走、风平浪静之后，曾子方才大摇大摆地回来，继续做学问。

与曾子不同，子思居于卫，有齐寇，子思的门人就说："老师，咱们赶紧跑吧！"——而子思却回答：如果大家都跑了，谁来为国家守城呢？于是子思不跑，他就与门人一起留下抗敌。

曾子、子思，号称同道，但面对敌人入侵，却道不同，不相与谋，这是为什么？

孟子说：这是因为他们的自我确认、自我认同、自我评估各异。曾子把自己视为老师，而儒家最讲尊师重道，因此遇到危险，老师就必须先跑，这是因为知识分子乃国家民族之宝贵财富，不能贸然牺牲，更不能落到敌人手里，所以，老师率先逃跑，这正是爱国的表现。至于留下来抗敌，那就是老百姓的事，并不是知识分子和社会精英的事。与曾子不同，子思是把自己视为国家的臣子，臣子皆有保卫国家领土神圣不可侵犯的责任，所以，他选择了与城共存亡。

不过，在孟子看来，子思这种选择，多少是把自己看低了，即把自己混同于一般群众——他没有"深刻认识到"："国家神圣，而学术尤神圣，未有不学无术之国家，而可以长治久安者也。是以国家危急存亡之秋，可牺牲人民生命财产，而不可牺牲人民德慧智术"，因此，"荷戈杀敌，以固吾圉，子弟之任也；明德新民以奠邦本，父师之道也"。正因为曾子能够认识到"孔子没而微言垂绝，是传系于一己"，所以，知识分子的逃跑，精英阶层的跑路，其实就是为民族保存文化基因的壮举。而至于一般民众，则没有跑的必要，更没有跑的义务。

钱基博先生感慨地说：面对日寇入侵，吾国许多知识分子心里的想法，大概便是孟子之于曾子而已。

但是，他又说：事不可一概而论。《吕氏春秋》载墨家巨子孟胜，"以死为阳城君守，弟子死者百八十五人"，作为老师，孟胜待学生如子弟，而学生待老师如父兄，上阵亲兄弟，杀敌父子兵，孟胜是以生命践行了墨家的学说。

春秋战国，儒家何以没落下去，墨法两家何以站起来？这不是因为学说优劣、学问大小的问题。

儒家之所以没落下去，就是因为他们光说不练，乃至临阵脱逃。而墨法两家，之所以能在刀光剑影里站起来，就是因为他们敢作敢当，敢于以身试法、身体力行，敢于以行动践行自己的学说。

这样的例子，在外国同样也有。

钱基博先生评述说："吾闻西历1807年，法国拿破仑之以大军长驱入柏林也，德国之哲学家黑格尔与菲斯迪方同为大学教授，黑格尔逃往远县，菲斯迪方留在围城，或问黑格尔何为逃？黑曰：吾所著书未成，吾确信吾书之成否，为德国存亡所攸系，吾安可以国民托命之身，轻冒锋镝也！""顾问菲斯迪方曷为留？菲则曰：此实现吾学说以引导吾国民之良机会也，吾安肯去！遂著一小册曰《告德意志国民》。至今德国儿童老卒，犹人人能举其辞。"

钱先生讲得很确切，法军将至，哲学家黑格尔立即逃跑，他随身携带的篮子里，就放着未写完的《精神现象学》手稿。

而胡适之先生就曾举了同样的例子，以教育北大乃至全国的学生：国家兴亡，这并不关学生的事，学生的天职，并不是去管国家兴亡，而是好好读书。

敌军兵临城下，大举围城，知识分子是留下来坚持抗敌，还是率先逃跑；是逃往远县，还是"留在围城"，与老百姓一起抗敌——这是一个问题。

做学问与救国，哪一个重要？这个问题，摆在每一个社会精英特别是知识分子面前，迫使他们去思考、去选择。

故《吾人何以自处》起首曰："寇深矣！国危矣！吾人当此危急存亡之秋，虑无不思所以自处。特此之所谓吾人者，非泛指吾四万万人之谓，仅就吾人身任师保之责，而号为人师言之，乃非广义之吾人，而狭义之吾人也。"

而钱基博先生个人的思考如下：

扪心自问，面对敌人围城，读书人当然可以选择逃离、选择逃难、选择从长计议，乃至选择苟活，人皆怕死，谁也不必唱高调。人皆有死，生死面前，精英阶层与老百姓都只有命一条，因此，读书人也应该知道，自己活下来，逃命成功，这是因为千百万人的牺牲，他应该对于这种牺牲怀抱歉疚。从此，读书人应该知道：吾人的学问，是建立在人民的牺牲之上的。

读书人要知耻，知耻后勇。

钱基博先生说，当此数千年未有之大变局，当此深重之民族灾难，面对外寇的屠刀，扪心自问，你害怕吗？如果说不害怕、说不恐惧，那是假话，然而，"孔曰成仁，孟曰取义，读圣贤书，所学何事？"。"古人有赴死而行不成步者。或曰：子惧乎？曰：惧。曰：既惧，胡不归？曰：惧，吾私也。死，吾公也。匹夫慕义，何处不勉焉！"

何谓"围城"？城者，父母之邦也。

围城之下，士者，应与家国天下共存亡——这就是钱基博先生当时的选择。

吾辈读书，就是为了救亡，吾辈读书的目的，就是爱国，钱基博似乎不会赞成什么"救亡压倒启蒙"——对那一辈见过国破家亡的人说这种话，则近乎无耻，而"士大夫之无耻，谓之国耻"。

第一个把"围城"作为严峻的问题，提出于中国知识分子面前的人，就是钱基博，而不是他的儿子。上世纪90年代，小说《围城》因为夏志清《中国现代小说史》之"重新发现"，特别是因为改编为电视剧而产生"轰动效应"。杨绛先生则代表钱锺书，郑重写一文章说，钱锺书对《围城》并不满意，而且，从来就没有满意过。她还说，钱锺书从来不敢以大师自诩，而且，钱锺书也从来不是什么大师。

杨绛先生说的是极为朴实的话，为中国保存了固有之学问的大师，钱基博算一个——无论是杨绛还是钱锺书本人，当然都不希望因为钱锺书，因为自己，因为洋人的吹捧，乃至因为一部电视剧，而遮掩了钱基博的贡献、遮掩了父辈的光辉。

文章千古事，得失寸心知。

六　家国学问

"从来都是鞋匠起义要当老爷，老爷起义要当鞋匠——是历史上的第一次，也许只有一次。"这是一位俄罗斯思想家的名言，这句话表达了他对俄国十二月党人革命精神的由衷赞美和敬意。

正因为历史上从来就是"鞋匠起义要当老爷",所以人们总是难以理解"老爷起义要当鞋匠"的壮举。

大敌当前,不是所有的社会精英,都能把自己等同于一个普通"国民",等同于普通百姓,都能够像老百姓那样,做到"民不畏死,奈何以死惧之"。

当然,更不是所有的社会精英都像胡家叔侄这样,能够彻底放下自我,走与人民相结合的路,走为人民求解放的路。即使这些人也鄙视"四大家族"那种资产阶级暴发户,即使他们也看清了民主是世界潮流、平等乃历史大势,但是,让他们与"脚上有牛屎"的老百姓站在一起,作为精英阶层,他们依然还是心不甘情不愿,让这些精英接受"人民当家做主",他们心里总是万般无奈,十分别扭。

1940年,胡家叔侄血战中条山的时候,有一个人正在研究历史,他从历史和战略的角度,重新发现了陕甘宁这个地方与中华民族命运的深刻联系,这个人就是陈寅恪。当时,他写下的两部著作——《隋唐制度渊源略论稿》《唐代政治史述论稿》,至今蔚为文史经典。

与胡景铎、胡希仲一样,陈寅恪也出身于督抚之家。陈寅恪的祖父是清朝湖南巡抚陈宝箴,胡希仲的父亲是河南督办胡景翼,一个是前清督抚,一个是革命党的督军。

1940年，当胡家叔侄与日寇血战中条山时，陈寅恪恰好正在香港写书——"笔杆子、枪杆子"，像胡家叔侄一样，陈寅恪胸中也有万丈不平，自然也有万丈韬略。

但是，他们的思考与选择毕竟是不同的。

面对数千年未有之大变局，胡家叔侄的回答是，放下自我，到"脚上有牛屎"的人民中去。而陈寅恪关怀的问题则是：如果没有了贵族，如果没有了世家，没有了"学问"，中国究竟该怎么办？——这个问题，陈寅恪魂牵梦绕，一辈子都没有放下。

陈寅恪有一句十分豪迈的诗句："读史早知今日事"，至今在读书人中广为流传。这句诗，他讲得很自信、很豪迈，当然也有点凉薄味道，能够以史证今，善于"用学问讲政治"，能以历史上之"大变局"认识眼前之"大变局"，陈寅恪有这样的底气、有这样的本领，当然也有这样的雄心壮志。

实际上，对于中国之命运，陈寅恪心里的答案是清楚的，在他的著作里，他对自己心声的表达也是明确的：观历史之变迁，中华文明的根脉在于文化学术，文化学术之根脉在于家族，家族之根脉，则在于地域。

因此，离开了贵族阶级，特别是贵族文化，离开了精英家族所承载的"学问"，中华文明就无以附丽，中华民族就没有出路。

"国家神圣，而学术尤神圣，未有不学无术之国家，而可以长治久安者也。"学术比国家更重要，没有知识与学术的国家，亡了也罢——这是一种天真，也是一种凉薄。

但是，究竟什么是知识，什么是"学问"？毛泽东曾经这样回答说，除了阶级斗争、生产斗争和科学实验三者之外，还有其他别的知识吗？答案是没有了。

其实，恩格斯早就说过，除了历史唯物主义和自然科学基本原理之外，根本就无所谓"哲学"，历史上的所谓哲学，都不过是统治阶级头脑里的幻想、幻觉，实际上，这种"哲学"连"科学"的水平都没达到。

而对于这些说法，陈寅恪像大多数旧中国的知识分子一样，似乎难以接受。在他们看来，所谓阶级斗争、生产斗争、科学实验，基本上属于"政治"的范畴；在他们看来，政治是政治，学问则是学问，而纯粹的学问，与上述的"知识"，关系不大。人民大众，固然可以是阶级斗争、生产斗争、科学实验的主体，但是，"学问"则是有学问者独占的领域。

生在众生平等的世界，却有着贵族阶级的宏大抱负，陈寅恪一生的苦恼与苦闷，实不可谓不大。现实既无可观，那就只能把全部的抱负投入历史与学术中去了。

于是，1940年，面对近代以来"数千年未有之大变局"，陈寅恪思考的却是人类历史上的另一个重大变局——公元316年，西晋灭亡；公元395年，罗马帝国分裂；公元476年，西罗马帝国被以日耳曼部落为主体的北方蛮族灭亡——西欧从此陷入"黑暗的中世纪"。

这是北方民族大规模南下的时期，是云冈石窟、龙门石窟大规模建设的时期，也是包括接引寺在内——波罗堡上大多数石窟、寺院诞生的时期。

其实，我们追随接引寺的起源，就不能不聚焦那个巨变的时代。

公元316—581年，从西晋灭亡到隋朝建立，这是中国历史的一大变局，是人类历史的一大变局，中华文明究竟依凭何种力量，度过了近三百年天下大乱的艰难时光呢？这近三百年的大变局，对于近代以来"数千年未有之变局"，又能够提供什么样的启示呢？

陈寅恪的结论是：要走出旷古未有之历史大变局，只能靠胡汉贵族的融合以形成一个新的贵族领导阶级。

以历史上的"大变局"去说明现实的大变局，以历史烛照现实。我一向认为，陈寅恪的这两部著作，正如一切大家之作那样，是"用学术讲政治"的典范。

通过中原贵族文化与胡人贵族文化的高度融合与统一，形成一种融合胡汉的"新贵族文化"——这就是历史昭示的出路所在，也就是历史告诉现实的答案所在。

由此出发，陈寅恪对于上述约三百年之历史，做出了令人叹服的剖析：纵观天下大势，无非是北魏西魏、江左、北周三足鼎立，其中南方的萧梁政权，固然完整地保存了中原贵族文化，但因拒绝与胡族贵族文化相融合，注定是没有出路的；而占据中原和洛阳的北魏、西魏政权，则由于实行"全盘中原贵族化之过度政策"，因而得罪了胡族，这条路其实也走不通；而只有偏居于关中之北、河西走廊之东的北周，由于天时地利的原因，能够比较自觉地认识到，只有在文化制度、政治制度和军事制度上，走胡汉融合的新路，如此才能顺天应命，成就伟业。

北周能为隋唐奠基之关键，就在于融合胡汉贵族，再成一新体制。因为瞩目于北周之何以兴起，陈寅恪方才透过遥远而纷繁芜杂的历史，目光深邃地发现了那个时代的"关陇"，并创造了一个发人深省的历史范畴——"关陇制度"。陈寅恪概括说，北周的伟大，在于立足关陇成一新制度，而"关陇制度"，便是隋唐制度的重要渊源，也是唐代政治兴衰转折的要害所在。

20世纪40年代的中国，陈寅恪随北大、清华、南开流亡在昆明。而当时的中华大地，北方为日本帝国主义所侵占，蒋介石躲在峨眉山，汪精卫在南京另立伪政府，读陈寅恪，很少有人思考他写作时的背景与心态。

"读史早知今日事。"

倘若以史证事，何谓江左、何谓西魏？尤为关键的是，何谓"关陇"？20世纪40年代，所谓"关陇"者无他——就是共产党所领导的陕甘宁边区。

作为末代贵族、有骨气的士大夫，陈寅恪自然没有多少赞成和拥护国民党政权的理由，但是，他也没有必然理由赞成共产党。如果说，20世纪40年代的陈寅恪，像那个时候的郭沫若一样，心中向往延安，那几乎是荒谬的。

说来道去，陈寅恪的两部书，讲的不过是十分简单的道理：历史告诉我们——如果不是由有学问的"真贵族"掌权，任何一个政权便不能长久，也不可能长久。

正是从这个"独立不倚"之立场出发，陈寅恪对于开创了隋唐大业的杨、李两个政治力量，均持藐视的态度，而理由就是——关陇集团并不是"真贵族"，而是贵族的"假冒牌"。他们打着门阀世家的旗号，举着贵族文化的旗帜，走的却是平民化的道路。他说，关陇集团中，包括李世民家族在内，都不过是托名了山东门阀士族——他们本不配姓李，不配姓杨，他们不过是"李初古拔而已"——甚至于胡族而言，他们其实也不属于鲜卑贵族的正宗。

关陇集团不是真贵族，也不真心代表贵族利益。即使他们于数千年未有之大变局中，创立了千秋伟业，但终究有一天，他们的子孙，还是会露出"泥腿子加蛮夷"的真马脚，反过来向贵族开刀。最终，他们就难逃又回到"泥腿子"队伍里去的宿命。

在陈寅恪看来，从武则天起，唐朝之所以走衰，就是应验了他的话，武则天抛弃了"关陇贵族"的假面，从而走上了平民化的道路，于是乎，巍巍大唐，也就是这样——从"泥腿子"政权出发，无可避免地又回到了"泥腿子"之中去了。"未有不学无术之国家，而可以长治久安者也"，这个结论，其实早就存在于历史学家的头脑里。

时人常将郭沫若与陈寅恪做比较，实际上，郭沫若与陈寅恪研究历史，都注重阶级、阶层的演变，他们都讲唯物史观，甚至都讲阶级斗争，这是大方向上的一致。而在他们之后，唯物史观的基本方法——阶级视野，却逐渐在历史研究中淡化了。如果说到区别，无非两点：一是郭沫若比较注意精英阶级与被统治者、劳动者的结合，而陈寅恪则更注意精英阶级与异族、"夷狄"之结合；二是郭沫若对于统治阶级的残暴、历史之残酷，阶级压迫之深重，更有着诗人的敏感，他坚持中国存在长期的奴隶制，中国之奴隶制，就其残暴性而言，比西方之奴隶制有过之而无不及，这使郭沫若对传统文明的批判更加激烈，其文章因而更加具有造反精神。

关于明亡之惨痛教训，郭沫若和陈寅恪都有文章传世。在郭沫若，是脍炙人口的《甲申三百年祭》，在陈寅恪，则是不那么好懂的《柳如是别传》。这两部作品，都写爱情。《甲申三百年祭》里，是书生李岩娶了个草寇，并且加入了强盗队伍，士大夫李岩与山大王红娘子的爱情，在政治道德上背叛了士大夫阶级；而在《柳如是别传》里，则是士大夫官僚钱谦益娶了江南名妓柳如是，钱谦益虽然背叛了明王朝，但他与柳如是的结合，却是士大夫文化的绝唱，是学术与诗歌的绝响，是对传统文化的保卫。钱谦益虽然在政治上叛变，但他在文化、道德与学术上却没有叛变，只要坚持士大夫阶级立场，总有一天，他还会再次"叛变回来"——就像钱谦益那样，日夜梦想着郑成功的水师会打回来一样。

简而言之，只要坚持中国文化立场，坚持士大夫立场，叛变异族也是可以被原谅的。但是，如果像李岩那样，叛变到"奴隶"那边去，这却是万劫不复，是万万不能被原谅的，因为这意味着叛变了学术，也叛变了文明。

而郭沫若就是这样叛变到"奴隶"那一边去了，他是历史学家，但他更是革命家，他选择放下自我，与"泥腿子"站在一起，终于成就一"大我"。他临终前遗嘱将骨灰撒在大寨，他说："悠久便是你，悠久便是我，悠久便是他，悠久便是火"——以火传火，生生不息，火种是不会断的。

而这番道理，郭沫若的故事，与缺乏信仰的中国士大夫阶级，似乎是讲不明白的。

公元1世纪的罗马奴隶制时代，耶稣基督叛变到奴隶那一边去了。但是，罗马的奴隶却不认他，唾弃他，嘲笑他，乃至迫害他。犹太精英们纷纷向罗马奴隶主举报他，认为他是叛徒。那时，彼得问耶稣："你往哪里去？"耶稣说，我要到十字架上去。谁说奴隶没有罪？奴隶的罪，就是不相信统治阶级里会有人站在奴隶的立场上，为奴隶解放而牺牲自己的一切。

同样是出身于督抚之家，胡家叔侄为人民政权南征北战，毁家革命——胡家革命，究竟是为了什么？

1966年10月，胡景铎被错误批判，撤销党内外一切职务，次年下放到泾阳县五七干校劳动，但是，他始终坚持说："我是毛主席的兵，如果说我是叛徒，那我确实是国民党的叛徒，我是党代劳动人民收下的干儿子。"1975年，他给女儿写信，这样鼓励她说，只有彻底地放下自己，真正与人民群众站在一起，才能成为真正的共产党员，只有心里始终想着普通群众，"才能成长为一个比较典型的革命儿女"，"这是我大半生经历得出的结论"。

甲午战争之后，如果没有陈宝箴在湖南开风气之先，办时务学堂，培养出范源濂、蔡锷等一代新人，也许就不会有毛泽东等胸怀天下的恰同学少年横空出世。

陈寅恪和胡家叔侄都出身于督抚之家，他们同样是经史传家，他们同样精于西学，擅长外文，也同样具有万丈韬略——但是，面对着、身处于近代以来"数千年未有之大变局"，他们的觉悟、他们的发心，非但不相同，而且，他们一生所获得的名声与待遇，差别不啻霄壤。

晚年的"胡营愣娃"胡景铎总爱说这样一句话："我是毛主席的兵"——晚年的胡景铎，不过就是个复员军人，是个普通老兵而已。

1937年，面对数千年未有之大变局，也就是在钱基博先生写作《吾人将何以自处》一文的同时，戎马书生毛泽东曾经代表陕甘宁边区，撰写《祭黄帝陵文》，如下：

赫赫始祖，吾华肇造，胄衍祀绵，岳峨河浩。
聪明睿智，光被遐荒，建此伟业，雄立东方。
世变沧桑，中更蹉跌，越数千年，强邻蔑德。
琉台不守，三韩为墟，辽海燕冀，汉奸何多！
以地事敌，敌欲岂足，人执笞绳，我为奴辱。
懿维我祖，命世之英，涿鹿奋战，区宇以宁。
岂其苗裔，不武如斯，泱泱大国，让其沦胥。
东等不才，剑屦俱奋，万里崎岖，为国效命。
频年苦斗，备历险夷，匈奴未灭，何以家为。
各党各界，团结坚固，不论军民，不分贫富。
民族阵线，救国良方，四万万众，坚决抵抗。
民主共和，改革内政，亿兆一心，战则必胜。
还我河山，卫我国权，此物此志，永矢勿谖。
经武整军，昭告列祖，实鉴临之，皇天后土。
尚飨。

大风起兮陕甘宁——如果陈寅恪读过此祭文，我不知他会做何感想？

新中国成立之后，《毛泽东选集》甫一出版，钱基博即通读一遍，而他的评价是：一、对于中国乃至世界大势，能抓住根本，故能高屋建瓴，势如破竹；二、能一切从具体问题出发，分析得细致入微，彰显经世致用本色。这是《近百年湖南学风》一书的作者，对于一个湖南书生的深刻评价。

官僚与战士是两种不同的品格。读书做官，一般是不会死人的，但是，书生从军，才能明白什么叫牺牲、老兵不死。毛泽东说，我们这支军队，有压倒一切敌人、不为敌人所屈服的英雄气概，我们就是打到最后一个人，还是要坚决地打下去。

"书生意气，挥斥方遒"——中国人是要有一点精神的，中国的书生，任何时候，都是要意气风发的。因为在中国历史上，精英阶层长期信奉的就是"为做官而做官""为学问而学问"，于是，事事圆滑通融，就可以步步高升，两耳不闻窗外事，便可以成为"宿儒"、大师——"牺牲者，牺牲而已"，长此以往，就只能淘汰民族基因中的勇者，而保留庸碌无能者。

1977年7月6日，胡景铎同志病逝于他最后一个工作岗位——当时，他刚刚担任西安汽车站筹建领导小组副组长不久。去世前，他在一次讲话里说，西安现有八九个车站，但没有一个像样的。解放都20多年了，我作为领导，对不起陕西父老。别忘了，我们是为人民服务的，把这个汽车站建好，就是为人民做了一件好事，那就是最痛快的事。大家看，我说的是不是？

1980年1月30日，中共陕西省委做出《关于为胡景铎同志平反的决定》，指出：胡景铎同志为中国人民的事业奋斗一生，"是几十年如一日，为党努力工作的好党员、好干部"。

有人说，与教授比，与"中央文史研究馆副馆长"比，"汽车站筹建小组副组长"——这算是个什么级别呢？这算是个什么"干部"呢？就是个老兵而已。老兵不死，战士永生。

什么叫做人的境界，什么叫为人的觉悟？什么才是真正的社会精英？什么才是"书生意气"？这些确实是问题。思考这些问题，我以为从来没有过时，也不会过时——正如思考"老爷起义，要当鞋匠"。

什么叫善德，什么是善政？

"正义的事业是不可战胜的，支持正义反对邪恶，维护人民的根本利益，是我们党的宗旨和优良传统。"这就是善德，这就是善政。

放下自我，放下自我得失，而走向解脱与解放——带你到光明的世界去，从此走光明、欢喜的大路——这是般若波罗蜜的真谛，这一真谛，就这样在现实里发生了，而且，发生这一切的地方，竟然就叫波罗。

接引寺和波罗堡巍然屹立，今天，它们似乎是沉默着，而这种沉默，却使得传奇更加真实。这种沉默，也许是为了有一天，再次向有缘人讲述这宇宙间的真谛、讲述这人世间的际缘。

历史证明：近代中国，所遭逢的乃是数千年未有之大变局，任何妥协、盘算、委曲求全的念头，都将为这种大变局所埋葬，唯有巨大的牺牲，唯有把我们的血肉铸成我们新的长城，才能使我们的民族、我们的文明，度过如此巨大的劫难与变局。牺牲是残酷的，革命是残酷的，而这样残酷的牺牲，不仅摆在了最广大的劳苦大众面前，也摆在了旧时代的社会精英面前。

历史也已经证明，在伟大的中国革命中，传统中国社会精英的相当一部分，就像富平胡家一样，走上了一条与人民大众相结合的道路，走上了为中华民族求解放的道路。这条道路，看起来似乎不符合他们的阶级利益，却符合中华文明自古就有的信念——大道之行也，天下为公。

今天看来，他们对于自己和本阶级、阶层利益的"放下"，与中华民族的"解放"，其实是一个两位一体的过程，正是通过这样一个波澜壮阔的伟大历史进程，他们使中国得以不依靠外部势力和本国软弱的资产阶级，通过波澜壮阔的革命，推动了、实现了、完成了中华文明的现代转化，正在向实现中华民族的伟大复兴而努力奋斗。

中国革命是以文化和政治革命为先导的，这是中国革命的特殊性；正是中国革命极为特殊的历史过程，考验着中国的社会精英，并将其推到了命运抉择的风口浪尖。

"登高楼而四顾兮，南盼终南而北望嵯峨。西及毕原，东观骊阿。俯首帝州，忧心如沸。"——这就是胡景翼在《登高楼歌》中所表达的情怀。

什么是社会精英？严复说，有德而贵，有劳而贵，有学识而贵，非有富有权而贵也。梁任公说，精英者，重然诺，轻生死也。在中国，精英不仅是一个与经济和财富相联系的范畴，"社会精英"这一角色，首先意味着家国情怀、人类担当，以及与之相应的牺牲奋斗精神，当然，也意味着文化的底蕴、文明的积淀和政治上的使命感。在中国，绝非有钱就可以成为社会精英，因此，也正因为上述特征的缺乏，资产阶级在很大程度上，往往不被人民群众视为领导中国社会的精英力量（至今似乎依旧如此）。也是从这个意义上说，中国革命的早期领导者们绝不是资产阶级——因为中国资产阶级身上，恰恰没有或者缺乏那种大无畏的自我牺牲精神，缺乏世界视野，缺乏文化积淀和家国情怀、人类使命担当，于是，资产阶级那种"经济暴发户"的心态与形象，又正是为中国革命者所厌恶和弃绝的。

"自古先觉觉后觉，汤武周召苦追寻，一旦豁然贯通日，举动能为四海饮"——在追求救国救民的艰辛道路上，终于豁然贯通，一朝觉悟——而这就是深受中华传统文明的浸润和滋养，在关中大地上成长起来的富平胡家子弟，之所以厌弃和鄙视蒋、宋、孔、陈四大家族那种资产阶级暴发户，并最终离他们远去的原因。

离开波罗堡上路的时候，友人在车里放了那首著名的信天游——《横山里下来些游击队》：

> 对面（价）沟里流河水
>
> 横山里下来些游击队
>
> 一面面（的个）红旗碥畔上插
>
> 你把咱们的游击队引回咱家
>
> 滚滚的米汤热烫烫的馍
>
> 招待咱的游击队好吃呀喝
>
> 你当上红军我宣传
>
> 咱们一搭里闹革命多喜欢
>
> 红豆角角熬南瓜
>
> 革命闹成功再回家

对这首歌，我突然有了一种新的理解和认识，正如对伟大的中国革命，有了一种新的理解和认识——放下自我，才能到光明、美好的世界去。

"放下"与"解放"，虽是一念之间，但这一念背后，却是沧海桑田，天翻地覆慨而慷。

离开波罗重新上路的时候，我的心中怅然若失，而又如释重负。

第四篇　王学文

一　赤脚的教授

延安有嘉岭山，即宝塔山，是中国革命的象征，抗日战争期间，宝塔山上有所学校，叫日本工农学校，其中200平方米是教室和食堂，再往上接近宝塔的地方，则是学员居住的窑洞。与"抗大""鲁艺"一样，日本工农学校曾是延安的标志性建筑，但与抗大、鲁艺不同，这是一所国际学校，是以无产阶级国际主义为办学宗旨的学校，前后有数百名日本学员在这里学习政治学、经济学、社会学、日本问题、汉语、时事和国际问题，学校的核心课程为马克思主义和世界革命的基本原理，主张全世界劳动者团结起来，为反抗人类共同的敌人——帝国主义和军国主义而斗争。这些学员学习一年后，便投入到中国革命之中，成为中国人民解放事业中的骨干力量，而他们后来回到日本，又成为中日友好的纽带。

当年，延安日本工农学校名义上的校长，是日本共产党总书记野坂参三，那时他的化名是林哲，他在学校讲授时事政治。由于当时野坂参三不能公开身份，所以，日本工农学校实际上的校长是王学文，副校长是李初梨，这两位都是留日学生，也是创造社的主要成员。用今天的话来说，这两位都是"海归"、大咖。

王学文，1895年5月4日生于江苏徐州，1910年留学日本，在同文书院等校求学10年后，1921年进入京都帝国大学经济学部，师从著名的马克思主义经济学家河上肇教授，毕业后，考入该校的研究生院继续深造，研究生就学期间，他与岩田义道和石田英一郎等人一起，组织了社会科学研究会。

京都大学，前身是京都大学堂，比北大的前身——京师大学堂创办早一年，在这里，诞生了研究中国与亚洲史的"京都史学派"，从白鸟库吉到宫崎市定，再到今天的杉源熏等人，蔚为大观。而京都大学和东京大学的经济学部，更是马克思主义经济学的研究重镇，从河上肇到广松涉，再到今天的柄谷行人，前赴后继，是当之无愧的世界一流。

王学文就是在这样的环境里学成的。1927年4月，王学文在日本加入中国共产主义青年团，同年夏天回国到武汉参加国民革命，6月转为中国共产党党员，7月15日汪精卫在武汉"清共"，王学文又去日本，在京都中共支部担任支部委员，八一南昌起义后再回国，并在上海参加创造社。

1930年，王学文与鲁迅等人发起成立"中国自由运动大同盟"，1931年组织"中国社会科学联盟"和"中国社会科学研究会"，在随后的中国社会性质论战中执掌思想大旗，一举成为当时中国最著名的马克思主义经济学家。

要改造中国，就需要改造的办法。子弹没有了，枪就没用了，但子弹有两种，一种是物质的，一种是精神和思想的，革命需要学问，如同枪需要子弹。

枪杆子丢了，就拿笔杆子。1927年，大革命失败后，王亚南和郭大力在杭州大佛寺，发愤翻译西方哲学社会科学名著，第一个《资本论》汉译本由此诞生。而说到运用《资本论》的基本方法研究中国经济社会问题，最早、最系统的则要数王学文。

自1927年以来，王学文一直在上海隐蔽战线进行地下工作。最近，我看了电影《无名》，其中梁朝伟扮演的那个中共地下党，从气质上看活脱脱是个大学教授，他的学者风度，让我不由自主地想到当年的王学文。

那个时候，国民党杀人很多，许多人牺牲了，许多人叛变了，叛变是因为看不到希望，或者仅仅期望如同平常人和顺民那样苟活。王学文坚持了十年，能在白色恐怖中高调地坚持了十年，也许是他的高调保护了他，当局认为像这样的名人和精英人物，抓了杀了影响太坏，

《无名》里有一句台词是"我厌恶你衣冠楚楚的样子"，那个时候，王学文就像东京大学和京都大学的教授那样，一副衣冠楚楚的样子，其实，王学文后来在延安时也说过类似的话——"我厌恶自己当年衣冠楚楚的样子"。

1937年，王学文到达延安，先后担任过中央党校教务主任、马列学院副院长、八路军总政治部敌军工作部部长、日本工农学校校长等重要职务。从此，那个"衣冠楚楚"的洋教授不在了，在延安的王学文，是另外一副模样——穿草鞋、戴草帽，有时光着脚走路。

这个世界上有"赤脚医生"，也有"赤脚教授"。多年之后，这所学校的日本学生香川孝志和前田光繁，这样深情地回忆了王学文：有课的日子，他总是光脚穿着草鞋，头戴草帽，沿着宝塔山的山路上来。有一天下大雨，我们想"这下王先生不会来了吧"，结果却看见他挽着裤腿蹚过涨水的延河，按时到了。他的热情和严格自律让我们非常佩服。

延安生活清苦，王学文那个时候已经40多岁，但却身轻体健，满头乌发。今天我们提倡——学习马克思主义，要逐字逐句读原著，又要深入浅出、通俗易懂地讲原理，这当然很不容易，但这恰好就是日本学员所记述的王学文讲课的形象。日本学员回忆说，王学文先生的授课，是将复杂难懂的马克思主义经济学，用浅显易懂的语言逐字逐句地向我们讲解。让学生记笔记时，他就说"记笔记吧"，并重复需要记录的内容，然后说"可以不记了，注意听讲"，接着开始讲解下一节内容。他身材消瘦，头发乌黑，穿着灰色的军装。最令人难以忘怀的，是王学文先生轻叩前额思索浅显的词句，以及他讲课的身姿。

这些日本学员，主要由战俘构成，作为工农子弟，他们原本都是苦出身，根本就没有读过大学，作为社会下层，他们在日本国内没有与大学教授接触的机会，万没有想到的是，竟然在延安会成为京都大学研究生的学生，成了河上肇的再传弟子。

香川孝志和前田光繁回忆说，在延安，教他们北原白秋的《枸橘花》的是日本工农学校的教师江右书先生，在此之前，他们这些日本人竟然不知道这首著名的日本歌曲。

他们还记录了初读《论持久战》时醍醐灌顶或者"如五雷轰顶"的震撼，而宝塔山对面是清凉山，在他们眼里，延安的夜景是如此辉煌壮丽：

　　在窑洞前的院子里看到的延安夜景很美。正对面的小山坡上，排着陕甘宁边区政府的窑洞，它前面的小山坡则是马列学院，再前面是民族学院，向右看去是延河对岸的新华社和解放日报社，报社右边则是抗日军政大学——各个窑洞闪耀着明亮的灯火，犹如停泊的大客船一般绚烂辉煌。

延安是中国革命的灯塔，也是世界革命的先锋，是日本进步青年、工农子弟眼里的圣地。

1979年7月，这两位日本学员访华。在访问期间，他们再次见到了已经84岁高龄的王学文老师，见面后第二年，他们将一直珍藏着的工农学校授课笔记寄给了王老师，而自己则保留着复印件。随后，这份笔记由何思敬先生的夫人和女儿翻译成中文出版，原件现存中国人民革命军事博物馆。

在延安，王学文不仅在日本工农学校授课，还有其他很多任职。当时，听王学文讲马克思主义经济学是一件盛事。王学文在延安时代的经济学课，现在保留下来的主要有三个提纲：一个是《政治经济学方法》，这是应李维汉的邀请讲的，发表在《共产党人》杂志；一个是《政治经济学研究大纲》，发表于《中国青年》；再就是《中国经济提纲》。以上三个提纲，都收入1986年出版的《王学文经济学文选（一九二五——一九四九年）》，而王学文完整的讲课记录，只有延安日本工农学校学员保留下来的一份。

给留学生、外国人讲马克思主义经济学，这种事情不知道今天还有没有。我知道的是，现在一些大学里讲的马克思主义，连中国学生都不爱听，估计更不敢讲给留学生听。今天流行的，是给洋人讲洋教条，给西方留学生讲西方经济学，国际部的课，也都是用英语讲，据上课的人说，马克思主义实在太简单，还是西方经济学比较好，比较复杂，而且还是普世话语。果然如此，我真不明白——那些留学生不好好在美国西方待着，跑我们这里学什么英语。

其实，西方经济学不复杂，真正复杂的是马克思主义经济学。不信，你去随便找一本西方经济学家的书，把它与马克思的文章对照着读，究竟哪个简单，哪个复杂，不读不知道，只要读了，就一目了然。

二 社会科学与社会法则

西方哲学社会科学有三块硬骨头——黑格尔、马克思、韦伯，这三块硬骨头彼此联系，环环相扣，构成了西方哲学社会科学的骨干，打断骨头连着筋，离开了这三个人，谈西方哲学社会科学，难得要领。

讲马克思主义，必须与黑格尔、韦伯对照着讲，不这样讲，马克思主义根本就讲不明白，而我们大学里研究马克思主义的人，往往缺少这种对照讲解。

东京大学和京都大学的经济学部，他们讲马克思，第一是读原文，按照德文，一字一字地读，日本人讲外语不行，读外文的能力一流；第二是把黑格尔—马克思—韦伯连着讲，从河上肇开始，其后的广松涉，今天的柄谷行人，一代接着一代，都是这么干的。

李大钊和王学文，都是因受这种学风的影响，系统地而不是零碎地研究马克思主义，他们研究马克思主义，没有脱离哲学社会科学的传统。

社会科学，顾名思义，其出发点是社会，而不是抽象的个人。社会，是共同体的一种形式。马克思说，共同体有许多形式，社会只是其中之一，而黑格尔讲共同体，出发点就是社会，什么是社会？黑格尔说，社会就是"市民社会"，社会是伦理的领域，所谓社会关系这种"伦理关系"，是在过日子中形成的，在这里，每个人都是商人。这意味着——每个人都以自己的劳动产品交换别人的劳动产品，市民社会是由商品生产—交换组织起来的"伦理领域"。

什么是社会法则？简单说，收益最大化，风险最小化——这就是社会法则，这也是商品生产—交换的根本法则，它构成了西方社会科学的基础，因此，韦伯把它称为"理性化"法则，同时，西方社会科学又假定：社会有一种自我进化的功能，这种进化，就是按照"收益最大化，风险最小化"的法则进化，所谓社会功能完善，就是按照这样的法则自我完善。从这个意义上说，现代化也被称为社会功能的理性化进程。

市场经济的效率，就体现了收益最大化，风险最小化这一市民社会的法则，但是，韦伯指出，正是按照这样的理性化的法则，市场经济必然导致非理性的结果，这个结果第一表现，就是"节约""节欲"，正是"节约"

和"节欲"导致了消费不振，第二就是只管效率，不顾公平，完全按照效率配置资源，势必导致社会分配不公，正是对市场经济的效率的追求，正是对社会理性化的追求，导致了经济危机、社会两极分化，反过来造成了人类共同体的瓦解。

怎样完善市场经济？怎样在旧的市民社会的基础上"重建社会"？马克思最完整地回答了这个问题：提出经济活动是生产、交换、消费、分配的四个方面的循环，是这四个方面的平衡，离开了消费和分配，单纯按照代价—收益的社会法则去组织经济，这乃是旧的社会科学体系最薄弱的环节。于是，在《政治经济学批判（1857—1858年手稿）》导言中，马克思把市民社会这种自发的活动，描述为生产、消费、分配、交换（流通）四个彼此联系着的方面，指出这四个方面的基础是生产，生产居首要地位。[1]

旧的社会法则要求人服务于商品和商品生产，而新的社会法则则要求商品和商品生产服务于人。前者为市民社会的法则，后者为人类社会的法则。马克思在哪个方面超越了黑格尔的市民社会理论？主要在于，他把以"代价——收益"为核心的市民社会的法则，改造为"人类社会"的法则，把追求效益最大化的经济活动，

1　《马克思恩格斯文集》第八卷，人民出版社，2009年，第5页。

改造为生产、交换、消费、分配这四个方面的社会有机体的经济活动。

马克思主义经济学深邃复杂，但它最核心的东西，是很简明的。

只有抓住了马克思主义经济学的精髓——生产、交换、消费、分配，方才可以懂得毛泽东所概括的经济工作的"四面八方"。其中"四面"，其实就是指生产、消费、分配、交换（流通）这四个方面；而"八方"，则是指与上述四个方面相联系着的各个社会主体、社会各阶层，指工人、农民、工商业者、投资者等，其中既包括劳动者这个生产的主体，也包括市场交换的主体，当然也包括经济活动的管理者。

讲"四面"，就是在经济活动的四个基本面的联系里，突出生产这个中心；而讲"八方"，就是强调，要在统一战线的基础上，充分发挥各个社会阶层的积极性，统筹各方面的利益关系。

根据毛泽东精彩的"四面八方"说，把马克思主义讲成"唯生产力论"不对，是一种庸俗化，而把马克思主义讲成阶级斗争为纲、打倒一切，这更不对，这是教条化——这么教，当然不是马克思主义，学生不爱听，不管是中国学生还是外国学生。

毛泽东所概括的"四面八方"，可谓神来之笔，是用最精彩的中国语言，讲最深刻的马克思主义原理，既是中国共产党经济政策的活的灵魂，也体现了马克思主义经济学的精髓，而且我认为，今天，也只有从这"四面八方"出发，才能更为深入地理解和领会党提出的新发展理念、新发展阶段、新发展格局，才会更加深入地理解和领会马克思主义经济学、党的经济政策的继承与发展。

在长期的革命和建设时期，中国共产党的经济政策，就是围绕着生产这个核心，来组织分配、消费和流通，主旨就是解放发展生产力、建立现代工业和产业体系，但是，绝不能离开交换、分配、消费，孤立地讲生产。

进入新发展阶段，新发展阶段的特征是什么？在新发展阶段，制定经济政策的出发点，其实还是畅通生产—分配—交换—消费的大循环。

为上述生产、分配、消费、流通这套分析方法奠定基础的，是几代马克思主义经济学家，其中最重要的一个，就是王学文。在延安时代，他有一个合作伙伴，叫王实味。

延安时代，王学文和王实味翻译了大量马克思文稿，其中包括马克思的政治经济学批判系列文稿。1950年三联书店再版马克思《价值价格与利润》时，因为人所共知的原因，仅署名王学文，稿费也全付给了王学文。

在肃反的初期，会洋文的，往往被怀疑为"托派"。出于对王实味贡献的尊重，王学文只收了一半稿费，将另一部分上交。这一举动表现了王学文的实事求是品质，也表达了对英年早逝的王实味的无声悼念。

三　王学文与"中国社会性质论战"

中国现代经济学，是在近代以来中华民族面临"数千年未有之大变局"，追求民族复兴、人民解放的大的历史背景下产生的，说到中国经济学的开端，自然要讲李大钊。

李大钊曾经说过，世界上研究经济的不过三派，一派是斯密代表的个人自由放任派，一派是研究经济组织的社会学派，一派是研究社会互助的人道的经济学派，三者彼此对立，而马克思主义之所以行，首先是因为它包纳了这三个学派，是对一切经济学派的综合。他还说，中国需要马克思主义，是因为马克思主义重视生产，而中国的问题首先是生产落后。

1921年1月2日，北京大学社会主义研究会邀请英国哲学家罗素来校演讲。罗素在讲演时说，社会主义虽然好，是人类社会发展的必然方向，但"社会主义不能行于今日之中国，资本主义为必经之阶段"。因为中国当时最需要的是发展实业，中国只有发展起实业来，将来才能实现社会主义。发展实业，只能用资本主义的方法，鼓励私人资本，中国不可能不经历资本主义，就去发展社会主义。

为此，李大钊于1921年3月公开发表《社会主义下之实业》一文，表示不能认同罗素的观点。李大钊说，如果真像罗素说的那样——社会主义不能发展实业，那是因为罗素没有看到苏维埃俄国是怎样发展实业的，今天的苏俄，实业发展得最快，仅就铁路来说，过去三年，苏维埃政府就建造铁路五千七百俄里，俄国广阔领土上的资源，因此就会得到巨大的开发。实际上，在社会主义制度下，俄国三年多所造铁路，已经超过沙皇帝国时代的总和，而俄国马上就会成为世界上铁路里程最长的国家，这样的建设速度，是欧美做不到的。为什么呢？这就是因为"资本主义之下，资本不能集中，劳力不能普及，社会主义之下，资本可以集中，劳力可以普及。资本之功能以集中而增大，劳力之效用亦以普及而加强，有此种资本与劳力，以开发公有土地之富源，那愁实业不突飞猛进！中国不欲振兴实业则已，如欲振兴实业，非先实行社会主义不可！"[1]。

那么，中国发展的真正阻碍在哪里？李大钊说，真正的阻碍，不是因为中国一般的缺乏资本，而是中国资本的散漫，中国少数有钱人，只会把钱存在外国银行里，

1　李大钊《李大钊全集》（修订本）第三卷，人民出版社，2013年，第353—
　　354页。

最终不是被中国骗子就是被外国骗子骗走了，如果我们中国像苏俄那样，实行平民专政，一举把这些资本强行集中起来，一定可以大办实业，这难道不比被人家骗走要好百倍吗？更重要的是，中国劳动力丰富又便宜，但是，正因为实业不发达，中国人要么替外国人打工，要么就堕入贫苦，要么当流氓无产者，同时，中国最坏的地方，是一般游手好闲的官僚太多，而一旦实行不劳动不得食的社会主义，官僚的势力就会被打破，食利阶级就会被打破，所以，"我要说一句武断的预言：中国实业之振兴，必在社会主义之实行。"[1]

1921年3月20日，李大钊又发表《中国的社会主义与世界的资本主义》一文，文章指出，现在有人说，中国不是要鼓励无产阶级，而是要鼓励中产阶级，要鼓励中产阶级，就要发展资本主义，但这种说法，根本没有看到中国在现在世界上的地位和处境。

孙中山先生也曾经说过，如今中国的一个上等富人，日子过得还不如美国的中产阶级，而中国的中产阶级，日子过得不如美国的工人。孙中山的这句话，无非说明一个事实，中国在世界上，其实就是无产阶级，就是世界的三等公民。

中国为什么沦为世界上最大的无产阶级国家呢？这

1　李大钊《李大钊全集》（修订本）第三卷，第354页。

是因为中国人不但受外国资本和帝国主义剥削，又受国内的军阀政权、国内的富人剥削，两层扒皮，我们不是无产阶级是什么？发展的趋势一定是这样的——中国的富人日益变成中产，中产日益变成无产，而这是必然的事实。可见，如果不改变世界的基本结构，如果不改变世界的根本制度，中国人注定要在世界上做无产阶级。

罗素说要先搞资本主义，发展中产阶级，这听起来似乎不错，却根本不可能实现。如果按照这样搞下去，一百年后，中国还是世界上的无产阶级。

中国要发展实业，究竟是采用社会主义还是资本主义？中国应该先发展资本主义，将来再发展社会主义，还是必须先改变制度，从发展社会主义入手？李大钊对罗素，对社会主义问题、中国与世界的前途问题，进行了广泛评论，他们的演讲与文章，如同一石激起千层浪，引起了一场关于社会主义的大辩论。

要改造中国，就要弄清中国社会的性质，这正如要了解一个人的健康情况，就要查体。发生在上世纪20年代的"中国社会性质"的论战，其实就是这个辩论的深化。

"中国社会性质论战"，争的是什么？这里的关键在于，分析中国经济问题究竟是从生产出发，还是从交换（市场）与投资（金融）出发。而这个问题，今天依然存在，不过，它不是今天的新问题，而是历史上的老问题，钱锺书先生说过，你如果要知道新知识，就去读旧文章，如果要想知道旧知识，那就去读新书好了。

上世纪20年代末30年代初发生的"中国社会性质论战"，争论的核心，首先就在生产、交换与金融，这三个哪个更重要，争的就是从上述三个角度的哪一个角度出发，去观察、判断中国社会的性质。

陶希圣为代表的国民党派，这一派人物分析经济问题，其出发点主要就是商品经济和交换。根据陶希圣的观点，中国春秋战国时代的齐国，就发展出发达的商品经济、货币经济，因为市场经济发生早，中国经济天然地带有资本主义性质，因此，现代中国不必经历革命，就可以发展资本主义。

还有一派是以严灵峰、任曙为代表的"托派"，他们同样是从商业资本和贸易出发，认为中国商业资本的传统，再加上近代以来对外贸易的发展，使得中国已经进入了资本主义时代，他们进而主张——中国应该欢迎外国资本的进入，因为外国资本对于中国发展经济有莫大的好处。

这两派的集大成就是蒋介石的著作《中国经济学说》。他这样质问，中国历来就有世界上最好的经济学，中国发展经济的各种要素，早已天然完备，既然如此，中国为什么要学习西方经济学特别是马克思主义经济学？

而王学文就是在这场争论中脱颖而出的。王学文不赞同上述两派的基本立场，他分析经济问题，乃是从生产出发，而不是从交换、投资出发，他最早指出，在经济的各要素中，生产（供给侧）是基础，是第一位的，而这是马克思主义经济学的基本观点。

当年，王学文这样批判国民党派和"托派"——中国历来固然有商业资本和金融高利贷资本的发展，而中国经济的问题，恰恰是商业资本和高利贷金融资本的畸形发展所造成，即正是由于经商与放债即可获利，这就阻碍了中国产业资本的投资和产业的发展，而与之相伴的则是生产力和工业生产的不发展。

他还讲了一个很有启发意义的经济学常识：发展经济，究竟是指发展生产力，还是指一般意义上的发财致富。如果发展经济就等于发财致富，这是蒋介石的观点；发展经济首先是指发展生产力，建立现代产业体系，这是共产党的观点。

王学文说，所谓生产力包括三个方面：第一，如何利用自然；第二，劳动力的商品化；第三，劳动手段的科技化和机器化。王学文指出，中国历史上，从来不缺乏发财致富的思想，我们中国缺乏的是发展生产力的思想。从利用自然、劳动力商品化和技术工具创新这三个方面看，中国的落后不是发财思想的落后，更不是商业落后和高利贷落后，而是生产力落后，中国没有现代产业体系，因此，中国的生产力发展水平依然是前资本主义的。

什么是中国现代化的阻碍力量呢？从意识形态上说，其实就是简单的发财致富的思想。在现代中国，什么人代表着这种简单粗暴的发财致富的思想呢？主要是两种人——军阀官僚和外国资本家。

王学文说，支配中国经济的基本力量，一个是军阀官僚，一个是外国资本家，就前者而言，"军阀官僚之最大目的，以经济上言之，为致富发财"，而他们致富发财的手段，主要是"受贿赂"、"征收重税"和"滥铸币"三种手段，因为这三种手段捞钱最快，但它却阻碍了生产力发展。就后者而言，外国资本家来华是为了攫取最大利润，这当然也是为了发财致富，其主要手段一是向中国倾销商品，二是向中国放债借款，这也是破坏中国生产力的发展。据此，王学文得出了结论：中国经济的特点，一个是半封建性，即"军阀官僚之剥夺"；一个是半殖民地性，即外国资本的掠夺。

1925年冬，毛泽东在《国民党右派分离的原因及其对于革命前途的影响》一文中，把国民党右派称为"发财党"，把共产党和国民党左派称为"救苦党"，而在中国社会性质论战中，王学文则进而把中国的革命党称为"生产力派"，把反动派称为"发财致富派"。

在中国，能发财致富的是军阀官僚和外国投资者，那么，究竟什么人要发展生产力呢？一个是劳动者，因为他们没有能力发财致富，他们拥护改善劳动条件；一个是共产党人，他们不想发财致富，他们的学说是要发展中国的生产力，使中国强大起来。

讲马克思主义中国化，追根溯源，就要知道中国社会性质的论战，在中国思想、学术界，王学文是《资本论》最早、最深入的研究者之一，讲到中国经济学的传统，特别是马克思主义经济学传统，一个重要的人物就是王学文。

四 "四面八方"

新中国成立后，生产力大发展，主要是中国的社会—经济结构发生了天翻地覆的变化，零散的土地经济，变成有组织化的经济，初步建成了自主的工业体系，这是数千年未有的大变化。

当然也有缺点，从"四面八方"的角度去看，一是生产的数量极大增长，但质量不行，许多产品不对路，这个问题，在"大跃进"时代就很突出。当时，中央提出"多快好省"，但实际上，只有"多和快"，缺乏"好与省"，提高质量的问题，其实是老问题。二是流通不行，银行实际上只是财政部的出纳，货币政策僵化。交通运输基础设施落后，原材料供应不足。三是指令、调拨为主，不重视交换，不讲价值规律。王学文说，资本主义社会的经济规律是"剩余价值规律"，而"价值规律"是一切社会都有的，不能因为批判"剩余价值规律"，就否定社会主义社会要按"价值规律"办事。四是分配方面，有平均主义、大锅饭问题。

于是，就有了改革。鼓励一些地区、一部分人先富起来，实行财政包干，东部满意，西部不满意；实行分税制，财税集中，转移支付，西部满意，东部觉得吃亏；实行土地财政，基础设施大发展，但造成了严重的地方债务问题。一个问题解决了，新的问题产生了，问题就在于改革缺乏系统性。

博弈说白了是"倒逼"，如果仅仅把改革理解为利益博弈，那首先就是中央与地方、国家与市场之间的利益博弈，结果必然是中央逼地方，地方逼中央，倒逼的结果是内卷，内卷的结果是躺平。

我们的改革最缺乏的是系统性、协同性、关联性。

而这恰恰是王学文曾强调的东西。《王学文经济学文选（一九二五——一九四九年）》出版于1986年，在序言中，作者把他在中国新民主主义革命时期研究马克思主义经济学的成果，概括为两个方面：第一个方面是在20世纪20年代末30年代初的中国社会性质论战中，提出中国社会的半殖民地半封建性质，中国经济的主要困境在于生产力和产业经济的不发展，中国经济的问题在于生产力的质量。第二个方面，则是关于怎样建立独立自主的新民主主义经济，特别是建立独立自主的财政与金融体系。

比起在中国社会性质论战中的作用，王学文在中国共产党的经济政策方面的贡献，影响更为深远，这就是他自己所说的第二个方面的工作。而首先又是指建立解放区独立自主的财政金融体系。具体说来，在抗战和解放战争期间，王学文反对边币（解放区货币）与法币挂钩，而主张解放区货币与解放区的物产（粮食、棉花、煤炭和工业产品）挂钩，实行独立的货币政策，即反对解放区卖出产品，换取法币，在法币基础上发行边币的政策。在《王学文经济学文选（一九二五——一九四九年）》序言中，他这样回顾说：

到了抗日战争和解放战争时期，关于解放区的经济、财政政策问题，我们曾经有过分歧意见。例如，在陕甘宁边区银行发行边币时，关于边币与"法币"的关系就有不同看法。有的主张以解放区的农产品和食盐去蒋管区换取"法币"，把"法币"存入银行，以"法币"为基金来发行边币。当时黄松岭、黄韦文同志和我曾经反对这种意见，主张要换回我们必需的工业品（如军工、通讯、医药、印刷四大器材等），而不要换回不断贬值的"法币"；边币发行要坚持独立自主，而不能把边币变成"法币"

的附属货币。[1]

今天看来，王学文在解放战争时期的文章，特别是1948年6月9日撰写的《关于经济调查提纲》，代表着新民主主义经济思想的成熟，这种成熟主要表现在以下方面：

第一，是要重视经济体系的四面（生产、消费、分配、交换）的综合平衡，特别注意经济政策在这四个方面的协同，这就是他指出的，中国共产党的经济政策，必须是一个注意到四个方面联系、协调的政策，在"提纲"中，他还进一步把这"四面"细化为六个经济政策协同，并指出："我们注意经济上的各种方针政策，即农业政策，工业政策，交通政策，商业政策，金融政策，财政政策"，而解放区经济的问题，并不是生产的不发展，而是在交通、商业、金融、财政方面的政策，没有配合好生产的发展。

这个思想，与陈云后来提出的"四大平衡"的思想完全一致。在改革开放之初，陈云指出，中国经济面临的问题，其实是一个综合平衡问题，而不是一个简单的生产问题，是分配、交通、消费的发展，与生产发展不平衡、不协调的问题。从这个角度，陈云方才提出了要

1　《王学文经济学文选（一九二五——一九四九年）》，经济科学出版社，1986年，第2—3页。

重视市场、发展市场经济的观点。共产党的经济学讲平衡、协调、可持续，来源就在这里。而社会主义市场经济的思想，就是从这种四面"综合平衡"的思想中发展出来的。

第二，是要重视"八方"。所谓"八方"，是指与上述四个方面对应的社会力量、社会主体、社会各阶级关系的协调，而这就关系到怎么具体地分析中国社会各阶级，特别是在正确分析阶级的基础上，维护统一战线。王学文说：

> 阶级关系的了解为我们一切工作的基础，一切活动的出发点。我们在调查研究提纲中注意了农业、工矿业、交通、商业、金融各方面的阶级关系与阶层关系，同时在经济政策上注意了联合各革命阶级的路线，照顾各阶层的革命利益；在财政上一方面注意了财政收入的来源，各阶级各阶层的负担，同时也注意了支出的用途，即我们在政治上是对革命各阶级各阶层采用统一战线的方针，在经济上也要采取统一战线，团结与照顾的政策，当然各革命阶级是以工农为基础的。[1]

1　王学文《关于经济调查提纲》，收入《王学文经济学文选（一九二五——一九四九年）》，第468页。

1945年3月，王学文发表《怎样认识中国现在的阶级》一文，这篇文章指出：不能抽象地、简单地划分阶级，划分阶级的出发点，就是协调中国的经济结构，如果说中国经济的各个方面，乃是经济运动的"表现"，则经济各个方面的承载者——社会各阶级，就是经济运动的"实质"，这就是现象与本质之间的关系。协调好中国经济、解放区经济的各个方面，基本方法是统一战线，而不是简单地以阶级斗争的方式摧毁解放区的经济结构。

1948年年初，毛泽东在杨家沟发出指示——重新发表《怎样分析阶级》一文，这篇文章是1933年苏区为了纠正当时在阶级分析上的极左观点而制定的，正是通过这样的方式，毛泽东坚决纠正了土地改革中的极左路线。

第三，是要注意经济发展的不平衡性、复杂性、过渡性与发展的阶段性。中国的经济，解放区的经济，总是要向着更高质量、更现代化的方向发展，这个发展的前途当然是定了的，但是，在大目标明确的情况下，我们一定要注意中国经济的不平衡性，这种不平衡性，既有区域之间的不平衡，也有发展程度和速度的不平衡。中国经济的复杂性，尤其体现在过渡时期的复杂性，即在新的生产关系还没有建立起来，旧的生产关系还没有彻底失效之前，过渡时期的经济政策一定要"稳中求进"，切不可盲目冒进，在新旧过渡期，急于求成的"一刀切"是最有破坏性的，也是最要不得的。王学文说：

我们必须反对经济工作的平均主义。不了解经济的复杂性，而将其单纯化、片面化，结果看到这一面，看不到那一面，把握这一部分而失掉那一部分，因为其认识的片面化与单纯化，其所实施的办法，也是片面的单纯的。

第四，是要"注意对敌经济斗争，建立独立自主的经济"。而其中最为重要的，是金融的独立自主，金融水深流急，金融工作必须确立斗争思维、安全观念。王学文说：

> 我们的经济工作经常处于和敌人对立斗争的状态下，尤其是贸易和金融工作直接与敌人接触，处在斗争最前沿，敌人经常通过贸易的关系，推销我方不需要的或不甚需要的顽美货来套取我方粮食、棉花以及其他生活必需品与工业原料，过去以蒋币、假票（不断跌价的）套取我方必要物资，与我方金融争取阵地，并以不利于我方的比价来骗取我方，因此我们金融工作阵地在比价与管理外汇上与敌人不断的斗争，在现在我们又必须与金圆券作斗争。——因此，我们要反对经济上投降主义的观点（在经济上依靠敌人，敌我不分）与行为，要求端正我们的经济政策，尤其对外贸易与金融政策。

当时，在国统区主持国民党币制改革的是冀朝鼎。与深入虎穴的冀朝鼎不同，王学文的主要工作不是在敌占区，而是在陕北、在延安，他一边做情报工作，一边做学术研究。对王学文来说，情报工作与学术研究，是结合在一起的。

五 经济学的精神

王学文在"中国社会性质论战"中声名鹊起，而从此后，那个衣冠楚楚的王学文教授似乎就消失了，为什么？

我们对中国共产党自延安时代以来的经济政策是了解的，但对于参与制定这些政策的人，特别是从经济情报的角度参与政策的人却不甚了解，而到延安后，王学文就成了政策背后的人。

1982年5月，在北京举行隆重的祝贺会，表彰王学文从事理论与教学研究55年，国家以隆重的大会的形式，确立了王学文在中国社会科学特别是经济学领域里的泰斗地位。1985年2月12日早上，王学文在北京去世，享年90岁。

谁能想到，而今连从事经济学研究的博士们，似乎也对于王学文感到陌生了。即使知道他，也把他当作过时的、保守的人物来对待了。如此看来，这位一生传奇的高寿老人是幸福的，尽管人终将老去，没有人能战胜岁月。

他最后一次参与制定政策，似乎是1983年2月22日给中央的《关于物价的一封信》，其中说，必须考虑发钞对物价的影响，评估物价对于社会民生的冲击。最关键的是，企业改革的目标是经营管理和技术提升，不能简单地通过产品涨价来回避生产、管理和技术问题，那是饮鸩止渴的路，如果靠涨价就能解决管理、技术和生产问题，那我们的改革就太简单、太容易了，世界上哪有那么容易的事！

1982年12月，就是那个隆重的庆祝大会结束不久，《王学文资本论研究文集》出版，在这本似乎已被忘却的小册子里，我们的泰斗很淡定地说：资本主义早已经过时了。更确切地说，黑格尔在《法哲学原理》中提出的、马克思《资本论》所面对的那种自由竞争的资本主义，在列宁时代已经被"垄断的资本主义"代替，今天发达国家的经济都是以大型企业为龙头，不但生产领域是高度组织化的，而且，交换、消费、分配的领域是在大型社区里进行，这种大型社区同样也是高度有组织化的，今天的社区组织与17—18世纪欧洲的"市民社会"是完全不同的。因此，建立在市民社会、自由竞争之上的国家与市场相对立的经济学理论，早已经过时了，因为它不可能描述今天西方这种高度有组织的社会。

关于《资本论》，王学文这样说，商品价值学说也许适用于任何社会形式，但唯一不适合资本主义社会，如马克思指出，支配资本主义社会的，不是"价值学说"，不是商品学说，而是"剩余价值学说"，"资本主义经济的运动规律，从本质上看来，是剩余价值规律"。

早在1962年，王学文就指出，价值规律、商品生产，这符合社会主义经济发展方向，只有"剩余价值规律"不符合社会主义经济发展的方向——因为这种观点，他在"文化大革命"中被批得体无完肤。

改革开放之后，他又说，中国经济的发展，关键在于国有企业的发展，这是因为国有企业是有精神的，而国有企业的精神，就是为国计民生服务，因此，国有企业的精神，不等于熊彼特所说的"企业家精神"。

这句话是什么意思呢？我理解这是黑格尔说的发展经济带来的不仅是物质满足，而且是精神满足。经济活动经历着从自发到自为的发展，但这种发展本身不是目的，目的是人的能力的全面提升，这种全面提升就是黑格尔说的"自由"，是马克思说的人类解放，是王学文所谓"为了国计民生"。

中国共产党的经济事业是辉煌的，而参与制定这些政策的人却是默默无闻的，王学文就是这样的人吧。

还是电影《无名》当中的一句台词感染了我：我看了你的故事，你便有了名字。今天知道王学文的人，大概并不多，而重读王学文的旧作，我有很多的感慨。他也属于思想上的游击队员吧。

什么是经济？中国话是经邦济民。什么是中国经济学的精神追求？王学文说，是为了"国计民生"。

有人说，经济学不讲道德，因为人为商品服务，这是社会法则。但黑格尔和马克思都说，经济本身不是目的，经济发展的目的是为了人类自由与解放。正如韦伯说，经济学如果丧失了对精神满足的思考，那就堕落为了一门技术和技艺。

现在讲"中国共产党为什么能""马克思主义为什么行""中国特色社会主义为什么好"，理由当然有很多，我认为其中一个关键是：中国共产党内，毛泽东、周恩来手下，有许许多多王学文这样有追求的人。

大同思想，包纳古今中外，大学之道，无论古今中外。马克思主义就是西方来的，如果讲洋文、读洋书，研究西方哲学社会科学就要被怀疑为"托派"，那将置马克思于何地？

中国共产党之所以能够发展生产力，搞出中国的工业化，就是因为共产党里有这样的能人，而这样的人，国民党里没有。中国之所以能够实行改革开放，也是因为中国共产党比苏联共产党更了解什么是资本主义，因为像华润、中信、光大、招商局，都是当年的地下党办起来的，改革开放伊始，邓小平派卢绪章去浙江宁波招商引资，因为卢当年搞地下工作，招商引资就是他的本行。

共产党能做到开放，了解世界、有远大目标，是因为党内有这样的能人。如果中国共产党内，都是王明那种教条主义的马克思主义者（或者斯大林主义者），都是些官僚主义者、形式主义者，那么，王学文这种共产党人，也就没有容身之地了。如果是那样，中国共产党也就不会是得到最大多数中国人民衷心拥护的"救苦党"。

第五篇　结　合

一　大河上下

中国的地势，由西北而东南，与地球偏转运行的姿态，恰好一致。

中华文明肇始、奠基于西北，它第一个千年的兴亡发达期——秦汉隋唐，都以西北为核心展开。

西北之重，一重在河西（走廊），二重在河中。这里，河中的河，是指阿姆河与锡尔河，河中地区，就是指费尔干纳盆地。那时的西域问题，不是指天山南北的问题，而是指帕米尔高原东西的问题，河西的问题，就是中亚的问题。

中国与世界的联系，丝绸之路，关键在此。

自宋以来到鸦片战争，是又一个千年。此期间，陆上丝绸之路中断，西北与欧亚大陆的联系发生巨变，长江经济区开发日益成熟。在这个千年里，中国的发展方向，乃是沿着大运河，而倚重于东南，即冀朝鼎所谓

"江南经济区"。

这种趋势，晚清以来，愈发明显。

在《中国历史精神》中，钱穆曾对比地中海文明的发展大势，把中国历史自宋以来这一个千年的发展方向，称为"顺流而下"，即从高处向低处滑落；而相对地，地中海文明的发展大势，则是"逆流而上"，即从南欧向着北欧，从低的地方往高的地方攀登。这是很形象的说法。

更形象的说法是：自宋以来一千年，中国的发展大致是围着东南转，这与地球转动的方向、与中国的地势特点，是拧着的、反向的。由此，钱穆还想到了人体内部的循环，他认为，偏于东南的循环，造成中国内部大循环"血脉"之不畅。钱穆还说，一个国家的首都，应该建立在寒带为好，正如脑袋在寒冷的地方才能保持清醒，而在温带，则会逐步堕入昏昏沉沉的昏庸。

经历了一千年的以西北为核心，又经历了一千年的以东南为核心，钱穆提出了中国历史发展的长期辩证法，这个以自然条件为依据的辩证法，简而言之，就是：未来之中国，只有复兴北方特别是西北，方才能均衡发展，按照这样的辩证法，中国的中心，在现代乃至将来，还是要转向西北。钱穆又补充说，近代以来中国发展的大趋势，就是人往东南跑，人口资源拥挤于东南一隅，这终究不是出路，中国复兴的方向是西北。中国共产党在西北的兴起，就体现了这种长期历史发展的辩证法。

与钱穆有着同样洞见的是陈学昭，陈学昭 1934 年获得法国克莱蒙大学博士，1938 年到延安，她在《延安访问记》中说：

> 究竟从什么时候起，我们的祖先开始陆陆续续往海边一带移？恐怕已不易查考。现在我是浙江人，但听从前家里老年人说，我们原来是河南人。许多人都要集中在海口这个情形，实在是并不好的。抗战以后，我希望我们国家，要有眼光来建设内地，而特别要注意建设边疆。建设边疆，就是保卫边疆，同时人们也不会因贪海口都市的繁华而集中在那些地方。譬如一个人的发展，脑、心、肺、胃、肠、手、足……都要平衡，才能健康。边疆，犹如人的四肢，如果边疆弱，哪怕心肺……都好，这个人也是不健全的。

司马迁说，凡五十年为一微变，百年为小变，五百年为中变，千年为大变，三千年为巨变。天下大势，做始于东南，收实功于西北——这是他的观察。司马迁的历史观，比西方的"世纪"纪年，要厉害些。

大道至简。"不平衡"，是中国自然辩证法的核心，也是中国历史长期发展之动力。

讲"南北不平衡"，首先就要处理好黄河与长江之间的关系。

黄河被称为中华民族的母亲河。黄河的命运象征着中华民族的命运，黄河的兴衰象征着中华民族的兴衰，黄河治理，是中华民族治国理政史的缩影。

我国五千年文明史上，黄河流域有三千年是政治、经济、文化中心，"四大发明"包括丝绸、瓷器在内，都盛产、发明于黄河流域，《诗经》《老子》《史记》也都诞生在这里，中国的基本制度——封建与郡县，都是在这里奠基。

大河上下，顿失滔滔。

大河上下，就是大河两端，一端在山东，一端在陕甘宁青。孔夫子的宗族，随周伐商，被封于鲁，孔丘祖籍西北，却成了山东的圣人。

秦始皇帝嬴姓，宗族在山东，他的祖宗飞廉，是商纣王的干将。商朝灭亡，飞廉的宗族依然还在山东顽抗。周武王去世后，发生"三监叛乱"，周公带病东征，杀了飞廉，把参与叛乱的嬴姓人即秦始皇的宗族，强制从山东迁到甘肃（今甘谷县一带），周朝给嬴姓宗族的任务是驻守边疆，防御西戎。这些嬴姓的山东人，被迫离开山东故土，在大西北恶劣的环境中生存下来，不断壮大，持续东进，最终打回了老家，统一了中国。

西北人迁到山东，奠定了封建，山东人放逐到西北，兴起了郡县。大河两端演绎着历史的辩证法，最近清华大学收藏的战国竹简，清晰披露了从孔夫子到秦始皇的家事。孔夫子、秦始皇之后，大河两端、大河上下的故事，仍然波澜壮阔气势澎湃。

长期以来，关中之险富，使之成为得天下之要冲，古老的王朝以长安为首都，而陕北就成为拱卫首都、防范游牧民族的军事基地。西北的核心地位于宋代发生转变，这里成为中原王朝与西夏的分界线。即使如此，范仲淹还是在这里打赢了陕北防御战，宋代的边防军驻扎于金汤寨，多年之后，金汤寨诞生了陕北革命的领袖刘志丹。

明代把榆林作为军事重镇，以此为核心修筑长城，采用屯田的军事建制，由于这个军事体系过于庞大，最终压垮了陕北的农业，1628年的大饥荒把这里变成人间地狱，造反从这里开始，两位主要的造反领袖都来自陕北，张献忠曾经是延安附近的边兵，而李自成则是驿站的小卒。陕北有造反的传统。

明清以来的军事防御体系把陕甘宁凝为一个链条，陕甘总督驻在兰州。太平天国运动爆发后，陕甘的军队被调往前线，陕西的防御只能依靠地方民团。在洋务运动中，陕西的民团被分为汉人民团与回回民团，汉民与回民都被从基层武装起来，一个偶然的冲突，使回汉两种民团发生战争，冲突随即升级，变成蔓延陕甘宁的战乱。

南方的军队第一次进入西北，是左宗棠带领的湘军，当时，新疆已经落入阿古柏之手，而要收复新疆就必须制止陕甘宁的暴乱，晚清唯一的军事胜利，就是西北的胜利，但这并没有挽救清王朝的覆灭，西北虽然保住了，但却饱受战争的创伤。

从秦皇汉武，金戈铁马，天下之中心，到宋代以来的一路下滑，直到近代的一落千丈。西北的命运，仿佛中华命运的缩影，令人扼腕叹息。复兴中华，复兴西北，逆流而上，正是这个使命使西北人走出家乡，到外面去寻找真理。

井勿幕、胡景翼、于右任这些人，就是这样去了日本，他们追随孙中山，发动了西北的共和革命。

在艰难时世，北京云集了一批胸怀天下的青年学子，其中，陕西的学子是一个著名的小共同体，他们定期聚集在景山东街的一所小院子里，周末搭伙吃饭，共享家乡风味，因为那里离北京大学和北京高等师范学校很近，这两所学校的李子洲和魏野畴是"伙食团"的召集人，而在他们的邻院，则住着一些湖南的学子，其中有蔡和森、萧子升、罗章龙，最著名的叫毛泽东。那时，他们只有一墙之隔，但彼此如同路人，他们追求的是一个真理，但却听不懂彼此的方言。

多年之后，毛泽东带领红军，从南方来到刘志丹创立的陕北革命根据地，刘志丹、谢子长、习仲勋、高岗，都算是李子洲、魏野畴的学生，而当毛泽东到来的时候，李子洲和魏野畴已经牺牲了。

为了追求真理，他们从西北、从湖南走到北京，从北京走到湖南、江西，走到西北，再从江西出发，走向了陕甘宁。

他们是同志，他们是中国共产党人。但他们也是同学、同乡，他们是兄弟姐妹，他们是割不断的命运共同体。

二　"要为真理而斗争"

没有中国革命，我们就不可能战胜1840年以来"数千年未有之大变局"。而如果没有马克思主义，便不会有中国革命。这是人人皆知的道理，但这个道理，说清楚很难。

中国历史上有许多的造反、夺权、改朝换代，有许多的农民起义，但这却不是中国共产党理解的革命。为什么？

因为上述这些行为，没有从根本上改变社会的政治、经济、文化、性别结构，历史上，又有过许多改革与改良，但这些改革与改良却没有采取暴力的方式和手段。

定义革命有两个条件：一是要从根本上去改变社会的政治、经济、文化、性别结构；二是采取了暴力手段。

因此，历史上的农民起义与改良、改革运动，都不能称为革命。

《共产党宣言》指出：共产党人不屑于隐瞒自己的观点和意图，他们公开宣布，他们的目的只有用暴力来推翻一切现存的社会制度才能达到。让统治阶级在共产主义革命面前发抖吧。

这真是晴天霹雳啊！

很多人拥护真理，却不赞成革命，确切地说，是他们反对暴力，不赞成暴力革命。更为深层的原因是，他们怀疑——用暴力就可以推翻"一切现存的社会制度"。其实，马克思自己也说过，人们创造自己的历史，但不是凭空创造，而是在既成的、前人的基础上创造。无产阶级与一切现存的社会制度相矛盾，而且，也与这些制度的前提相矛盾，书斋里革命的理论可以颠覆思维的前提，而改造现存社会，则需要"武器的批判"；但是，仅仅有武器的批判就够了吗？历史证明，社会改造是一个极为漫长的过程，不可能一蹴而就。

当年，在德国海德堡大学，社会学的奠基人马克斯·韦伯与该校的青年教师卢卡奇有过一个著名的争论：为了实现真理，是否可以诉诸暴力？

社会进化是理性化的过程，暴力意味着非理性，因此，暴力不是知识、社会科学讨论的内容——这是韦伯的底线。

对韦伯来说，通过暴力革命夺取政权，在取得政权之后，新政权的建设不能不采取科层化、程序化的治理方式，继续采用革命时代群众运动的方式，基本行不通。

这方才迫使卢卡奇从文学乃至宗教中寻求答案。他提出的问题是，陀思妥耶夫斯基的《罪与罚》中，大学生拉斯柯尔尼科夫杀死放高利贷的老太婆，这是不是符合真理的行为？

无产阶级夺取政权，靠的不仅仅是暴力，更是无产阶级的阶级觉悟和"阶级意识"，无产阶级追求的不是暴力，而是真理，是新的文明，这种真理，这种新文明，就体现为无产阶级的阶级觉悟和"阶级意识"。

卢卡奇进一步指出，无产阶级的阶级意识，必须建立在对于一切人类历史上的文明遗产的继承之上，无产阶级意识必须建立在对于人类文明的传承与发展之上，共产党人不但要代表无产阶级，而且要继承人类的文明，否则，无产阶级意识就是不牢固的，就是狭隘的——这是他在《历史与阶级意识》中反复强调的观点。

在中共的幼年时期，也有这样的争论。中国革命脱胎于五四新文化运动，是中华文明长期发展的产物，但是，革命不是请客吃饭，不是绣花做文章，不是简单地追求思想言论自由，革命是一个阶级推翻另一个阶级的暴力行为。

这是毛泽东在大革命危机时代，为了唤醒陈独秀这样的书生，而发出的绝望、决绝的呐喊。为什么如此？1938年，毛泽东在《战争和战略问题》中做出如下解释：

> 中国的特点是：不是一个独立的民主的国家，而是一个半殖民地的半封建的国家；在内部没有民主制度，而受封建制度压迫；在外部没有民族独立，而受帝国主义压迫。因此，无议会可以利用，无组织工人举行罢工的合法权利。在这里，共产党的任务，基本地不是经过长期合法斗争以进入起义和战争，也不是先占城市后取乡村，而是走相反的道路。[1]

"子弹能打死人""须知政权是从枪杆子里取得的"——这些话，为中国革命的残酷性，为中国共产党人在大革命时代的大流血，做了绝境呐喊般的注脚。

不能从坚持革命或者"告别革命"的角度，去轻率地对待中国历史上最为波澜壮阔的革命，那个革命已经发生，是历史的既成事实，历史不会因为我们的赞成或者反对，不会因为我们的坚持或者告别，而损之毫厘。

但是，韦伯——卢卡奇的那个问题——为了真理是

1　毛泽东《战争和战略问题》，收入《毛泽东选集》第二卷，人民出版社，1991年，第542页。

否可以使用暴力——在很多人那里，至今依然存在。

什么是革命？首先，革命当然是斗争。

什么是现代意义上的革命？现代意义上的革命，是"为了真理而斗争"。"为了真理而斗争"，是一切现代革命的最根本特点，也是思考一切现代革命的原点。

汉语里"真理"的说法，是翻译佛经的产物。中国的先民讲生生不息。理与性，是宋明以来的说法，而傅斯年说，"性"就是"生"，这两个字本为一，简而言之，中华文明的着力点，就是谋生。而与中华文明不同，从古希腊时期起，地中海文明的热点是"求知"，它把求知而非谋生放在第一位，哲学、科学号称爱知学。

早期的中国共产党人追求革命，不是为了个人谋生，而是为了追求真理。马克思主义给予中国共产党，进而给予中华文明的，首先就是把真理置于一切之上的追求。

旗号镰刀斧头，军叫工农革命——共产党的革命，打出的不是张王李赵的旗子，而是"主义"的旗帜、真理的旗帜。

参加中国共产党第一次全国代表大会的代表，没有一个人是因为吃不上饭，而去闹革命，也没有一个人是因为想当官、想出人头地往上爬，而革命。党的一大纲领里，最独特的规定竟然是：共产党员不能当官——据说，这是张国焘与刘仁静在会上提出的主张。按照这个标准，那连当时的陈独秀、李大钊都不合格——这实在太苛刻，也太不好理解了。

新民学会那14个发起人，为了思想和主义而结社，誓言为了真理而牺牲，当新民学会的主要发起人蔡和森、向警予走向刑场，所谓的法官，一次次地问他们一个问题——作为留学生，作为社会精英，作为上等人，为了一个什么"主义"，竟然连性命都不要了，这究竟是为什么？

"蝼蚁尚且偷生！"这句话说明：求生、偷生、活着，这不仅是人的本性，更是动物的本性，是蝼蚁的本性，或者说，这就是基于动物本能的人性。但也正是这句话说明：求生，固然是人与动物都有的本能，却不是人之所以区别于动物的"人之特性"。

什么是人性？或者用马克思的话来说——什么是"人的本质特征"？

亚当·斯密曾经回答过这个问题。他说，人们交换，你只会看到人交换他们的产品，而从来没见过一群狗彼此交换骨头。这个看似搞笑的回答，使斯密创造了一门重要的学问——政治经济学。实际上，经济学这门学问的基础，就建立在交换之上。

达尔文则用极为残酷的学说回答了这个问题——人的本性在竞争，竞争是保存优良基因、淘汰劣等种子的本能，正是这种本能，使强者更强，使人类得以进化、完善。

在人类发展史上，是黑格尔最为深刻、动人地回答了这个问题。他的回答石破天惊，改变世界。

黑格尔说，人的本性就是政治性。政治性的实质是争取别人承认的斗争。

我们知道的是，只有人，才能因为一个"主张"而聚集在一起讨论、争论；也只有人，才能为政治议题团结在一起，与另外一批信念相左的人，产生冲突，发生斗争。

动物因争夺生存权利而干架，只有人为思想观念而斗争，人是政治性的动物。

黑格尔还说，与动物不同，人是唯一能够清醒地认识到死亡的动物——能够意识到自身的必死性，这是人区别于动物之所在。

什么是哲学？哲学就是对于死亡的意识。

什么是辩证法？辩证法是否定，是自我否定、自我革命，这种自我否定和自我革命的辩证法，就基于人对于死亡的意识。

何谓人类？人是能够自觉意识到死亡，能自由地把握和处置生命的一种存在，正是基于这样的自觉意识与自由意志，只有人，才能主动地把生命置于危险境地，从而使自己区别于动物。

弱肉强食，求生至上，这是动物的本能，而"为了真理而斗争"，为了让别人也承认自己的真理，不惜牺牲自己的生命，这才是人性，是人区别于动物之所在。

什么是人性？人性就是政治性，就是把政治生命，把对真理的追求，看得比生命更宝贵。

什么是革命？革命就是为了真理，而不惜否定和牺牲自己的生命，这就是黑格尔所说的自我革命和自我否定，是辩证法的实质。因此，列宁方才说，黑格尔的辩证法是革命的代数学。

"砍头不要紧，只要主义真。杀了夏明翰，还有后来人。"

"生命诚可贵，爱情价更高。若为自由故，二者皆可抛。"

我想，这就是李大钊、蔡和森、向警予乃至刘胡兰面对屠刀时，要告诉后人的真理。

政治争的是"真理"，而不是权力。

在鲁迅的《药》里面，在红眼睛"阿义"们那里，这些诗句无非是疯子说的话；而从黑格尔的角度说，这是只有人才能说出的话，每一个字都闪耀着人性的光辉。

什么是自由？作为人的本性，自由意味着人是能够自觉意识到死亡，从而能够主动、自由地处置自己生命的一种存在；自由意味着人是为了真理、为了信念而宁死不屈、飞蛾扑火的存在；自由还意味着人是为了真理、为了信念，可以主动结束自己生命的一种存在——无论是倒在战场上、敌人的枪口下，还是选择从容自杀。

正是思考着这样的自由，正是赞美着这样的人性，青年时代的毛泽东在读《伦理学原理》所做批注中这样说："利精神在利情与意，如吾所亲爱之人吾情不能忘之，吾意欲救之则奋吾力以救之，至剧激之时，宁可使自己死，不可使亲爱之人死。如此，吾情始浃，吾意始畅。古今之孝子烈妇忠臣侠友，殉情者，爱国者，爱世界者，爱主义者，皆所以利自己之精神也。"[1]

现代化有多种——工业、农业、国防、科学技术、治理体系和治理能力现代化，这都是现代化，但是，最根本的现代化，乃是政治的现代化。

要造成政治现代化，关键就在于：产生这样一种特殊的中国人——他们立志为了真理团结在一起，为了真理而斗争，正是通过他们不屈不挠的努力，通过他们慷慨悲歌的牺牲，使得一个几千年不讲政治的民族，学会了思考、开会、讨论、演讲、辩论与思想路线斗争；正是他们，以自己身体力行的光辉的范例，使中华民族成为一个讲政治、爱政治、懂政治，乃至把政治生命置于崇高境地的民族，使得我们这个民族，以一个为了真理

---

[1]　中共中央文献研究室、中共湖南省委《毛泽东早期文稿》编辑组《毛泽东早期文稿》，湖南人民出版社，2008年，第119—120页。

而斗争的英雄民族的形象，自立于世界民族之林，从而从根本上摆脱了那种被人看不起的动物的状态。

什么是中国革命的意义？中国革命的根本意义在于，它推动了中国精神与政治的现代化——在真理的旗帜下团结起来，以向死而生的方式。

在一个"思想淡出，学术淡入"的时代，在一个"不谈主义，要谈问题"的时代，在一个真理被终结的时代，在一个政治被"行政管理"所代替的时代，在一个为了饮食男女而奋斗的时代，在一个为了日常生活而竞争的时代，在一个为了出人头地而钩心斗角的时代，在一个为了权力与私欲自相残杀的时代——"为了真理而斗争""要为真理而斗争""团结在真理的旗帜下"这种话，是不可理解的。

"要为真理而斗争"——如果不能理解这句话，那就不能理解现代意义上的革命，就不能真正理解中国革命，就不能理解中国人民是怎么站起来的，就不能真正理解什么是中华民族伟大复兴。

主人为了真理而斗争，奴隶则为了活着而屈服，如果不能理解这句话，也就不能理解什么是"砸碎铁锁链，翻身做主人"。

马克斯·韦伯说过，如果现代化进程意味着政治的退化，那么，在这个进程中进行"政治教育"，就是一个最为重要、最为迫切的课题。

而这个问题，不是通过一般意义上的"党史教育"就可以解决、能够解决的，但是，尽管一次党史教育，不能解决这个问题，却可以使我们去面对这个问题，重新思考这个问题，使我们从原理的角度，去重新思考什么是政治，什么是革命，去重估"为了真理而斗争"这句话的起源。

黑格尔说，当人不再为真理而斗争，而只是为了饮食男女而竞争，或者说——当真理被作为"普世价值"悬置起来的时候，真正的斗争就停止了，当政治被行政管理所替代的时候，历史就将随之终结。

很多人说，这是后革命的时代，是后现代的时代，是去政治化、去意识形态化的时代。

而实际上，黑格尔早已预言，去政治化的时代，去真理化的时代，就将不会有人性。在历史的终结处，也不会有所谓"最后一个人"，因为在那里，人性将全面退化为动物性。尼采说，在那里，胜利的是奴隶的道德。

没有真理，没有围绕着各自"真理"而进行的斗争，政治将沦为权力争斗。

三 "生活"与"优良生活"

1918年，毛泽东等湖南学子住在北京景山后街吉安所左巷8号，隔墙6号，住着陕西学生李子洲和魏野畴。

1935年，毛泽东从江西吉安出发，最终率领红军到达陕北。陕甘宁根据地，就是李子洲和魏野畴的学生——刘志丹、谢子长、高岗等人创立的。

毛泽东到来的时候，陕北红军正遭整肃，他们挨整的原因与江西时期的毛泽东的"错误"相同：游击习气。

什么是游击习气？简而言之就是不规范，不正规，不是正规军，军队没有官衔，毛泽东叫老毛，刘志丹叫老刘，彼此都是老乡、老表、乡党，文雅的说法，毛是润之兄，朱德是玉阶兄，类似白衣秀才，没大没小，没有等级，因此没有官僚主义、形式主义。

但是，毛泽东高度赞扬游击队的作风，因为游击队是为主义而战，为真理而战，不是为升官发财而战。

那么，什么是游击队员的品质，什么是游击队员的作风？

在延安，毛泽东发明了一个词，叫"优良作风"。

什么是"优良作风"？最接近毛泽东"优良作风"提法的，是亚里士多德的"优良生活"。而"生活"与"优良生活"的区分，是贯穿西方文明的一个要害。

据说亚里士多德反对平民政治，这就表现了他的精英姿态，甚至体现了其"没落的奴隶主阶级的思想"——这种评论固然有其道理，但是，综观《政治学》全书，我们会发现：亚里士多德对于共和制度的维护、对于平民政治的反对，乃是基于这样一个警示：共和政治的主体——

"公民"，为何不能把自己等同于或者降低为"平民"？

共和政治的主体便是公民。何谓"公民"？从字面上说，公民即polities，而城邦即polis，政治的（political）便是从二者中来的。公民是有"政治生命"，过"组织生活"的。他还说，奴隶、平民、贵族、国王，所追求的不过就是"生活"，而公民所追求的却是"优良的生活"。

政治家非但不等于一般意义上的权威，政治家更不是家长。在《政治学》开篇，亚里士多德这样简明地指出："政治家所治理的人是自由人；主人所管辖的则是奴隶。家务管理由一个君主式的家长掌握，各家家长以君臣形式统率其附从的家属；至于政治家所执掌的则为平等的自由人之间所托付的权威。"

在战斗中形成的共同体，他们的最高道德，就是毛泽东所说的——"互相关心，互相爱护，互相帮助"，这种道德，叫做"善"。服从真理，追求"至善"，就是亚里士多德所说的"优良的生活"。他说："人们能够有所造诣于优良生活者一定具有三项善因：外物诸善、躯体诸善、灵魂（性灵）诸善。"在此三者之中，核心便是"灵魂诸善"，而"灵魂诸善"，则由"善德"与"善行"构成。柏拉图说，灵魂的善就是真理，这个真理的实质，就是共同体成员的"互相关心，互相爱护，互相帮助"。

那么，公民是否可以把自己等同于、降低为平民呢？亚里士多德说，绝不能。他这样说："一个城邦所需的主要配备为人民。就人民而言，自然应该考虑到数量，也要考虑到质量。"公民虽然是人民中的少数，但是，他们却是人民中有质量的那一部分，是人民当中的先进分子。

公民政治所代表的是"优良的生活"，这种生活作为"有质量的生活"要高于平民的"过日子"，这种生活是政治生活。这种"有质量的生活"，如同柏拉图所谓"灵魂里的黄金"，是被铸造出来的，铸造灵魂里的黄金尺度，就是公民道德。这种黄金准则，就是公民的纪律。

亚里士多德深刻地指出，正是这种对于至善的追求，使得"公民组织"区别于商业组织或者军事同盟。通俗讲，公民开"民主生活会"，过"组织生活"，讨论的是"真理"，不是进行利益交换："但是，城邦不仅为生活而存在，实在应该为优良的生活而存在。假如它的目的只是为了生活（生存），那么，奴隶也可能组成奴隶的城邦，野兽或者也可以有野兽的城邦……奴隶和野兽既不具备自由意志，也就不会组织那种旨在真正幸福的团体。相似地，城邦的目的也不仅为寻取互助以防御一切侵害，也不仅为便利物品交换以促进经济的往来。假如城邦的目的仅仅是这些……两方对于对方人员的道德品质都不用操心，条约中也无须保证所有参加贸易业务的人全都不发生有违正义或其他恶劣行为。可是，凡订有良法而有志于实行善政的城邦就得操心全邦人民生活中一切善德和恶行。所以，要不是徒有虚名，而真正无愧于'城邦'者，必须以促进善德为目的。"

亚里士多德说，正因为政治是追求真理，所以，对于这个公民的联合体，必须执行与一般平民不同的政治纪律。一般平民遵守法律即可，但对于公民来说，在法律之上，还有严厉的政治纪律约束。

尽管《政治学》是古老的经典，必然受到当时历史条件的限制，但是，它所提出的如下基本论断依然值得共产党人深思、汲取：与其追求抽象的"政体"，不如追求"善政"。所谓公民政治即"善政"的基础，在于公民的数量与质量。公民的数量与质量，决定了共和政治的兴衰。公民质量的下降，在于"公民"门槛的下降，因为约束公民的门槛不是法律与行规，而是对真理的追求。

简而言之，纪律的核心是善德与善行。所谓善德，就是灵魂里的真理；所谓善行，就是真理的实践。这种善德与善行，不仅是由法律来保障的，而且是由政治纪律来约束的，因此，公民绝不能把自己等同于平民。

1937年，延安发生了"黄克功事件"，对于如何处理黄克功，是存在着巨大意见分歧的。按照国民党的法律，黄克功可以减刑甚至免罪——当时的蒋介石就是这样处理张灵甫的。更为强烈的呼吁是：作为身经百战的红军干部，黄克功比被他枪杀的刘茜重要，如果没有黄克功，多少刘茜这样的弱女子都会死在日本鬼子的屠刀下。而正是这种呼吁，促使毛泽东写下了那封黄钟大吕般的信。

毛泽东这样写道：

> 黄克功过去斗争历史是光荣的，今天处以极刑，我及党中央的同志都是为之惋惜的。但他犯了不容赦免的大罪，以一个共产党员、红军干部而有如此卑鄙的，残忍的，失掉党的立场的，失掉革命立场的，失掉人的立场的行为，如为赦免，便无以教育党，无以教育红军，无以教育革命者，并无以……根据党与红军的纪律，处他以极刑。正因为黄克功不同于一个普通人，正因为他是一个多年的共产党员，是一个多年的红军，所以不能不这样办。共产党与红军，对于自己的党员与红军成员不能不执行比较一般平民更加严格的纪律。[1]

这封信之所以会成为彪炳人类政治史册的文献，在于如下两点：第一，共产党是中华民族的先锋队，是追

---

[1] 毛泽东《致雷经天（一九三七年十月十日）》，中共中央文献研究室编《毛泽东书信选集（1920—1965）》，中央文献出版社，2003年，第100页。

求真理的党，我们为了一个共同的革命目标走到一起来，在我们党的队伍里，没有谁比其他的同志更重要。任何一个干部都不能欺压普通党员与战士，更不能以对待敌人的方式对待自己的同志。这就是我们共产党人的善德，是我们党区别于其他政党的基本标准。第二，因为共产党是中华民族的先锋队，在法律之上，还有针对党员的党的纪律。"共产党与红军，对于自己的党员与红军成员不能不执行比较一般平民更加严格的纪律。"平民杀人，是犯了死罪，而党员和党的干部枪杀自己的同志，这从根本上违背了党的宗旨，违背了党的纪律，因此，黄克功犯的是不容赦免的"大罪"。

1944年，一个伟大的中国人，在中国共产党人的"城邦"——延安，以如下简短的话，一举抓住了《政治学》一书的实质。

毛泽东指出：

我们的共产党和共产党所领导的八路军、新四军，是革命的队伍。我们这个队伍完全是为着解放人民的，是彻底地为人民的利益工作的。张思德同志就是我们这个队伍中的一个同志……我们都是来自五湖四海，为了一个共同的革命目标，走到一起来了……我们的同志在困难的时候，要看到成绩，要看到光明，要提高我们的勇气。中国人民正在受难，我们有责任解救他们，我们要努力奋斗。要奋斗就会牺牲，死人的事是经常发生的。但是我们想到人民的利益，想到大多数人民的痛苦，我们为人民而死，就是死得其所……我们的干部要关心每一个战士，一切革命队伍的人都要互相关心，互相爱护，互相帮助。[1]

当年陕北红军挨整，上面斥责"刘志丹四处乱窜"，而毛泽东则说，游击战争的法宝是熟悉地形、熟悉群众，最优秀的游击战士，"是人民群众里走出来的领袖"。游击战、运动战体现了人民战争的实质。中国共产党能够以两百万人而席卷天下，改天换地，靠的不是党员的人数，靠的是党员的质量。因为我们主张是：在真理面前，人人平等。靠的是"我们的干部要关心每一个战士，一切革命队伍的人都要互相关心，互相爱护，互相帮助"[2]。

四　认识与实践

中国共产党为什么能？"为真理而斗争"——坚持真理，服从纪律，这是关键的两条。但这远不是"为什

---

[1]　毛泽东《为人民服务》，中共中央文献研究室编《建党以来重要文献选编》第二十一册。

[2]　毛泽东《为人民服务》，中共中央文献研究室编《建党以来重要文献选编》第二十一册。

么能"之全部。

因为在这里，一个最为关键的问题出现了：那就是什么是"真理"，以及真理是否是绝对的。

对这个问题，黑格尔的回答斩钉截铁：世界上只有一个真理，真理是绝对的。这正如海德格尔所说，世界上只有一个问题，而这个问题是唯一的。

无论黑格尔还是海德格尔，他们的回答乃至西方文明对这个问题的回答，其实都是基于这样一个根本出发点——宇宙中只有一个上帝，只有西方的上帝是唯一的神，这个上帝是唯一的、绝对的，于是，世界上、宇宙中只有一个真理，只有一个绝对的真理，只有一个问题，唯一的问题。

密涅瓦的猫头鹰只能在黄昏时起飞，这就是说，真理作为唯一的答案，只有在全部实践都完成之后，在历史终结的地方，才能出现。实践和历史的进程中不包含绝对真理，充其量只包含真理的碎片和片面的真理，实践和历史进程中涌现出来的主要是错误和问题，而不是真理。

而毛泽东不同，他这样说："哪里有完全不犯错误、一次就完成了真理的所谓圣人呢？真理不是一次完成的，而是逐步完成的。"[1]

---

1 《建国以来毛泽东文稿》第九册，中央文献出版社，1996年，第215页。

在中共七大预备会议上，他这样指出：

> 这就是说，事情总是不完全的，这就给我们一个任务，向比较完全前进，向相对真理前进，但是永远也达不到绝对完全，达不到绝对真理。所以，我们要无穷尽无止境地努力。

毛泽东说，矛盾就是问题，解决矛盾就是解决问题，不能修正错误，也就不能坚持真理。

与黑格尔不同，马克思说："主要的困难不是答案，而是问题。"习近平更加深刻地指出，一切理论探索，都是从问题出发的，因此，探索真理，无非是一个提出问题、解决问题的过程，而旧的问题解决了，新的问题又产生了。

对于西方文明来说，世界上只有一个真理，这个真理是绝对的。而对于中华文明而言，实践乃是第一位的，而实践就是提出问题，就是针对问题提出解决办法，然后，又在实践中检验这个解决办法。对于中国人来说，实践无非就是这样一个不断坚持真理、不断修正错误的过程，这个过程又总是在特定的条件下发生的。

为了比较好地说明这个问题，我举一个三千四百年前的例子，这个例子就是甲骨卜辞。

一段完整的卜辞，总是分为四项：序辞、命辞、占辞和验辞。第一是序辞，就是最开始讲的话，如书前面有序言，或者是戏剧有序曲——这个序辞，讲的其实就是特定的条件，即思想活动发生的特定条件。第二是命辞，就是你要问的内容，你到底要问什么事情，即思想活动，首先就是提出问题。第三是占辞，就是王根据占卜的结果所做的判断，是根据事物的走向，提出解决问题的办法——这是思想活动的重要一步。第四是验辞，就是事后的应验，通过事情的结果，来检验到底占卜准还是不准。

完整的甲骨卜辞为什么总是分这四大项？因为这四项，涵盖了思想发生的特定条件，接续着问题的提出，对问题的分析、对发展走向的预测、解决问题的办法，以及事实对于预测和解决办法的检验——这是个有机统一的过程，而这就是完整的"实践"过程。这就是中国人特殊的思维方式，这就是中华文明对待"真理"的态度，而这种态度，凡三千四百多年一脉相承，构成了中华文明生生不息的文明之魂。

人们往往把近代以来的中国思想，称为"向西方求真理"。但这不够准确。近代以来中国思想的兴起，是在"数千年未有之大变局"中发生的，正是这个大变局，向中国人提出了一系列课题，而先进的中国人，则不断地尝试着回答这些问题，不断地思考解决这些问题的路径，从而提出对中国与世界前途命运的预见与解说，提出解决中国与世界问题的办法，并通过伟大的革命与改革，去检验这些思想的成果，去验证这些理论之长短。正是在这个伟大的实践中，我们方才产生了中国的思想。

如果用甲骨卜辞做比喻，所谓"序辞"，就是"数千年未有之大变局"；所谓"命辞"，就是"中国向何处去""世界向何处去"，就是"怎么办"的问题；所谓"占辞"，就是我们该怎么做，就是对中国与世界发展规律的预测，就是我们的路线、方针、政策；而所谓"验辞"，就是在实践中去检验我们的路线、方针、政策。

何谓"真理"，世界上是否有唯一真理？对这个问题，中华文明与西方文明从起源处，就有完全不同的思考。这决定了我们文明的进路，也决定了中国现代进程、现代革命的特点，决定了我们必须用自己的头脑，思考我们自己的问题。

五　"承认的政治"

"为了真理而斗争"，这句曾经响彻人类世界的口号，来自黑格尔哲学的基础——为了争取承认而斗争。

"为了争取承认而斗争"这句话，是西方思想与哲学的精髓所在。

这样的思想，这样的哲学，只能发生在西方，只能发生在地中海文明之中，而且，这样的哲学，这样的思想，也只有放在地中海文明史之中，才能得到理解。

理由很简单，因为世界上几个一神教——基督教、犹太教、伊斯兰教、东正教、天主教、新教，都产生在西方，都发端于地中海地区。

所谓"为了争取承认而斗争"，如果说白了，就是为了承认哪个神才是唯一的真神而斗争。

"承认"，对西方文明而言就是让世界承认——只有某一个神才是真的、唯一的神。西方漫长的宗教战争，实质上就是为了争取对方承认、争取异教徒承认而斗争的历史。尽管在中国人看来，为了这种空虚缥缈的事情杀伐不休，是天大的愚昧，但这就是西方各国的基本国情，是西方文明的独特之处。不懂这个，就不会真正懂得西方的历史，更不会懂西方的政治。

承认什么？什么是"承认的政治"？所谓承认，当然不是自己承认自己，而是让敌人承认自己。所以，这种"承认"，只能通过斗争来实现，为了争取敌人的承认而斗争——在这种"承认的政治"中，首先就预设了敌我关系。不懂敌我关系，就不懂西方的政治。

毛泽东说，谁是我们的朋友，谁是我们的敌人，这个问题是革命的首要问题。仅凭这句话，施密特便赞叹说，毛泽东最懂西方，最懂西方政治，他是看穿西方政治实质的人。

所谓"承认的政治"，这样的问题——几乎注定不会发生在中华文明之中，因为中华文明不但反对"一神教"，且主张以宽容的精神对待一切宗教，孔夫子则更进了一步——"子不语怪力乱神"。中华文明的本色是宽容，中华文明的底色也不是宗教，而是道德。

所以，当两个文明初次相对，狭路相逢，便是堕入鸡与鸭说话的陷阱，进而变成迎头相撞。

当年，马戛尔尼告诉乾隆说，如果大清帝国承认大英帝国，大英帝国可以考虑承认大清帝国。

马戛尔尼自己说得清楚、分明，他要的不是别的，而是"承认"。关键在于，马戛尔尼意义上的承认是指什么，英国究竟要乾隆承认什么？

当然不是承认平等贸易，马戛尔尼要的是——承认英国人的上帝是世界上唯一的上帝，而英国国王的特权，则是这个唯一上帝赐予的。

对中国人来说，这个问题并不关乎对错，而是根本就不存在。因为那个上帝、那个"唯一的神"本身就根本不存在。

于是，乾隆的回答极为精妙，大意是：大清帝国无疆无界，不需要任何人的承认，自然也没闲工夫承认你那个上帝是唯一上帝，何况我不认识你，不承认你，不评价你，不搭理你——你能把我怎么样？寒山问拾得，如果有人侮你、骂你、打你，你该如何？拾得的回答是：你且避他、容他，不搭理他，过一阵子你再看他。这就是乾隆的态度，也是中国人的智慧。

不认识你，不搭理你，不评价你，不承认你，这是我的自由，你难道还能干涉我这种"不承认"的自由吗？中国人有中国人理解的自由，西方人有西方人理解的自由，这两个自由不是一个自由，山不是那座山，梁也不是那道梁。承认的政治，不发生于中华文明之中。

与其说乾隆的这种说法是闭关自守，不如说中华文明是讲宽容的文明，这种讲宽容的文明，拒绝把斗争绝对化。

可惜，西方人不能理解这种自由，这不是西方的思路。西方的思路，就是为了争取敌人的承认而斗争，你不承认我，你就是我的敌人，因此，我就要打你。

西方的政治里没有"宽容"二字，没有"和而不同"这种说法，西方文明的底色就是斗争，那么多人口，不斗行吗——毛主席的这句话，最适合于西方。

在鸡与鸭对话不欢而散之后不久，英国就悍然攻打了中国，而且，还把大清王朝打败了、打惨了。中国人痛定思痛，于是，发明了一句话：落后就要挨打。关键是中国什么落后、何以落后？

我们的前人说过，所谓落后，从根本上说，就是"国家"落后，内部是一盘散沙，对外打不过外国人。

所谓落后，首先是中国的国家能力不行，而国家能力不行，不是指没有钱、没有人，而是指中国的国家，不是斗争的工具，而是安抚天下的朝廷。大清帝国，不是西方现代那种民族国家——不是为进行民族斗争而建立的战争动员型国家。

什么是国家？什么是现代民族国家？

国家是暴力，是克服恐怖的恐怖工具——从马基雅维利到霍布斯，这种国家学说代表了西方现代政治学的底色。黑格尔说，国家是在大地上行走的上帝。意思就是说，国家是为了推行西方一神教而斗争的暴力工具。

启蒙运动之后，西方文明在斗争向度上又进了一步，西方的"斗争哲学"再升一级——从为了一神而斗争，变成为了唯一真理而斗争。

至于什么是唯一真理，法国大革命已经提出，自由、平等、博爱，这就是真理，就是世界精神，就是普世价值。拿破仑以真理的名义横扫欧洲，黑格尔说，拿破仑就是骑在马背上的世界精神。

当一个民族代表真理，它就有义务和责任去维护民族的利益，因为这就是在世界上实行真理、推行公理。当真理与国家结合，真理才是真理，国家也才是真正的国家。

数千年未有之大变局，中国与其说是遇到了没见过的国家，不如说遇到了没见过的"强权即公理"。

陈寅恪说，近代以来，中国不但能力不行，而且道路不通，不但打不过西方，而且中国固有之价值观，在自由、平等、博爱面前，被驳得理屈词穷，哑口无言，中国的士大夫既然不再代表真理，于是就只能像王国维那样去跳湖。

在实力斗争中失败，在思想、理论、意识形态斗争中理屈词穷，后一种失败才是真正的失败，是全面失败。于是，先进的中国人发生觉悟，觉悟到——中华文明中什么都有，就是缺乏斗争精神，缺乏斗争哲学，缺乏以斗争为基础的政治意志。

马克思主义改变了中国，首先是因为马克思主义是斗争哲学。鲁迅说，马克思主义是最明快的哲学，这个所谓明快，就在"斗争"二字。青年时代的毛泽东说过，他读了三本北大马克思主义学会翻译的书，其中就读出了四个字——阶级斗争。

黑格尔是马克思就读的柏林大学法学院的院长，马克思是黑格尔的学生，他把黑格尔的斗争哲学进行了全面升级——马克思的一个巨大贡献，就是发展了黑格尔，《法兰西内战》把西方民族国家互相之间的"外战"，发展为"内战"，马克思把国家之间为了"真理"而进行的斗争，或者说为了争取"承认"而进行的斗争，变成了国家内部的阶级——特别是无产阶级为了争取承认——为了争取阶级权利而进行的斗争。

马克思就是从这个角度，发展了黑格尔的政治哲学和国家学说，他把黑格尔的现代民族国家霸权，发展为无产阶级专政。

到了列宁，算是把马克思和黑格尔的政治哲学从根本上完善了。列宁所说的国家，因此有了两个敌人，一个是外部的民族的敌人，一个是内部的阶级的敌人，国家因此也有了两个任务：进行民族斗争和阶级斗争，列宁的《国家与革命》，把西方的斗争哲学，发展到了极致，但也达到了一个边界。

反帝反封建——"十月革命一声炮响"，"走俄国人的路"，中国革命起初是照着马克思主义斗争哲学，照着列宁主义学的。

中国革命自己的路在哪里？

六　边界和边区

康德说过，思想之所以是思想，哲学之所以是哲学，认识之所以是认识，就是因为它是有边界的——离开了时间与空间，就是离开了边界，没有了边界，那就是虚无。

毛泽东在延安时说，一切东西都是有边的，边界就是判断，判断是思想的基础，而所谓"历史虚无主义"的根源，不在别的地方——就在于没有边界。

马克思列宁主义是真理，既然是真理，就只能在具体的时空里，那它就有边界。

习近平总书记引用毛泽东同志的话，这样指出：

> 毛泽东同志说过："一切事物总是有'边'的。事物的发展是一个阶段接着一个阶段不断地进行的，每一个阶段也是有'边'的。不承认'边'，就是否认质变或部分质变。"社会主义初级阶段不是一个静态、一成不变、停滞不前的阶段，也不是自发、被动、不用费多大力气自然而然就可以跨过的阶段，而是一个动态、积极有为、始终洋溢着蓬勃生机活力的过程，是一个阶梯式的递进、不断发展进步、日益接近质的飞跃的量的积累和发展变化的过程。

西方的哲学是斗争的哲学，这是西方最厉害的地方，但是，真理搞到极端就是谬误，斗争哲学越了界，就会走向自己的反面、走向虚无。

康德认为，人的认识总是有边界的，因为人所认识的不是物本身，而是物的"表象"，人不是上帝，对于物本身，对于真理，我们要像对待上帝那样保持敬畏，不能声称自己可以掌握真理，穷尽真理。黑格尔挑战康德，他主张"伟大人物"与芸芸众生不同，他可以像掌握真理的上帝那样穷尽真理。

而勇敢地越过了马克思主义斗争哲学这个边界的人，是斯大林。正是斯大林，使得西方的斗争哲学走向了自己的反面，走向了虚无——他不但把国家理解为民族斗争和阶级斗争的工具，还"创造性"地把国家和政权"发展"为阶级内部、政党内部斗争的工具。

斯大林认为自己就是那个掌握了唯一真理的上帝，这一点，不但远远超出了黑格尔的想象，更超出了马克思和列宁的想象，而西方的"斗争哲学"正是从此一跃出界，走向反面。

布哈林临终前说，同志们，请记住——在你们向着旧世界斗争的旗帜上，也有我的鲜血。

斯大林整托洛茨基、布哈林，就是用无产阶级专政来对待无产阶级和党内同志，扩大化的肃反就是他的发明。它所造成的，就是共产主义阵营里的虚无主义。

苏联最终垮台，就是因为这种虚无主义。

斯大林有过伟大的贡献，但是，他在思想上有什么特殊贡献呢？

毛泽东后来在《在省市自治区党委书记会议上的讲话》中概括说，斯大林的贡献，就是搞形而上学，违背辩证法，而且还教会了很多人搞形而上学，违背辩证法。

判断首先是划分，是正确地划分，是细致地划界。斯大林似乎不太懂这个，他的问题是把"认识的表象"当作了"真理"。这种表象欺骗了他自己。毛泽东说，斯大林康德哲学不过关，德国古典哲学不过关，因为德国打了败仗，他就连克劳塞维茨的《战争论》也看不起了。

民族斗争、阶级斗争有边界——最早意识到这个问题的，就是毛泽东。毛泽东的洞见，见诸"毛选"中的第一篇文章——《中国社会各阶级的分析》。在这篇文章里，毛泽东固然提出——谁是我们的朋友，谁是我们的敌人，这是革命的首要问题，但更重要的是，这篇文章通篇讲的，是如何正确区分敌人、朋友与同志，而正是这种区分决定了斗争不是一概的，斗争的方式也不是一概的。

如果左中右一起打，打了敌人打朋友，打了朋友打自己，这种斗争哲学，只能走向自己的反面——这不是马克思主义，这是历史虚无主义。

正确地区分、细致地划界——这才是《中国社会各阶级的分析》之要害。正确地区分、细致地划界——这也是康德哲学、德国古典哲学最厉害的地方，这也正是毛泽东超越斯大林的地方。

中国共产党系统地犯"左"的错误，是从六大开始的，最集中的表现是六届四中全会王明上台。所谓"左"的错误的实质，就是阶级斗争扩大化，斗争无边界，把斗争的目标，转向了整党内和阶级内部的"敌人"。

中共六大决议，根据斯大林的主张进行肃反，杀了毛泽东井冈山的战友王佐、袁文才，毛泽东只能忍气吞声。江西苏区时代，特别是宁都会议之后，毛泽东本人日益成为残酷斗争、无情打击的对象，他也只能默默忍受。

"打了左派打右派，打了右派打中派，总之是左中右一起打"——自中共六大以来，毛泽东所处的环境，共产党所处的环境，就是如此。在这样的环境里，伟大坚强、聪明睿智如毛泽东，也无能为力，道理很简单——就因为个人很难改变大的环境。

进而言之，六大以来的国际、国内环境，党内的环境，造成了共产党和中国革命者的一种性格，而这种性格，《关于若干历史问题的决议》里说得一清二楚——那就是极端、极左。

中共六届七中全会形成的《关于若干历史问题的决议》，更对这种性格予以批判。它的表现，一个是急躁与极端，期望革命迅速胜利；一个则是小集团主义的争权夺利。

这个概括是极为深刻的。造成这种性格的原因，如果从根本上说，在于历史和时代的残酷性，在于斗争的极端复杂和严酷性，正是这样极端的环境，迫使人走极端，也迫使人们的思想走向自己的反面。

平心而论，在一个血流成河、泪流成海的时代，不斗争，就是死，而在斗争中做到不走极端，这确实是难以做到的。

什么是"左"？鲁迅说，就是"革命的虚无党"。

今天的人们常说鲁迅不宽容，狭隘，爱骂人，而且多疑，而鲁迅活着的时候却说，他"不惮以最坏的恶意推测中国人，然而还是不料"——我想，如果我们身处鲁迅的时代，如果我们就处在他那样严酷的环境下，也许我们就会理解他的极端、好斗、多疑与狭隘。

20世纪的革命者、先觉者，难免都是多少有些极端的人，并非只有湖南人是"犟驴子"，也不仅只有湖北人多疑——极端，就是中国革命者曾经的性格。在那个走投无路的时代，革命者中，难得有不走极端的人，难得有真正懂得辩证法、坚持辩证法的人，毛泽东固然曾经是一个，但是，毛泽东却是少数之中的少数，而在到达陕北之前，在革命者的队伍里，真的很难找到几个具备毛泽东这种性格的人，毛泽东自己，也真的很难找到与他性格相近的战友。

不吃辣子不革命，这是毛泽东的名言，也是他的性格，但是，在革命队伍里，比他更好斗的，大有人在，那些莫斯科派来的斯大林分子，尤其如此。在井冈山，在苏区，在长征路上，毛泽东九死一生，那时，他算是被"二十八个半布尔什维克"们斗惨了、整惨了。

一直苦闷，一直感到环境不好，一直痛感无人能够交心、谈话，推心置腹，是因为他一路挨整。

直到红军长征到陕北。直到他遇到了刘志丹、习仲勋、高岗，直到他在千钧一发中，把这些人从肃反的火坑里拉出来——从此，毛泽东心情大好。

毛主席来了晴了天。从此，共产党的革命晴了天，走向天高地阔的陕甘宁，毛泽东诗兴大发：天高云淡，望断南飞雁，不到长城非好汉。

站在黄土高原，毛泽东终于复活了——青年时代那个指点江山、激扬文字的毛泽东，又回来了。

七 "起承转合"

陕北是中国革命的落脚点，也是出发点，中国革命与陕北革命之间的关系、与陕甘宁根据地之间的关系，被毛泽东精彩地概括为"起承转合"的关系。

1945年2月15日，毛泽东在中央党校的报告中，这样感慨万千地说到了陕甘宁边区：

> 我们要认识这个陕甘宁边区，它有缺点，叫做"地广人稀，经济落后"，但是只有陕北根据地保留下来了，其他的根据地都丢了。陕甘宁边区的作用非常大，我说它是中国革命的一个枢纽中国革命的起承转合点。长征结束以后，起是从这个地方起的，转也是从这个地方转的。万里长征，脚走痛了，跑到这个地方休息一下，叫做落脚点。我们不是要永远住在这里，这个地方是落脚点，同时又是出发点。

所谓起承转合，是说陕北革命既继承了中国革命的基本特点，又重塑了中国革命、陕北的性格；既融入了此前中国革命的风格，也重塑了中国共产党、红军和中国革命的性格。

正是这种"起承转合"，使这场人类历史上最伟大的革命，既闪耀着理想主义的光芒，又具有了中国黄土地的宽厚与博大，使得革命者的性格中，既有了毫不妥协的斗争意志，又有了同志式的温暖和浓烈的人间情怀。

如果用共产党人自己（或者毛泽东的语言）来说，就是使全党认识到，要使得革命胜利，就既要坚定地进行武装斗争、阶级斗争、民族斗争，同时，又必须灵活而广泛地建立"统一战线"，对于每一个真正的共产党人来说，既要讲共产党人纯洁的理想信念，讲严格的纪律与原则，同时又要讲中华文明深邃博大的"人情世故"。

既要团结紧张，也要生动活泼。

共产党人当然要敢于斗争，但是斗争的目的是团结，竞争的目标是同志之间的互相关心、互相爱护、互相帮助。"互助"这个信念，毛泽东自青年时代就坚信不疑。

马克思主义基本原理与中国革命具体实际相结合，与中华文明的优秀成分相结合——这两个"结合"，就是毛泽东所说的"起承转合"的要害所在。

如果没有战斗的共同体，如果没有战友之间的互相帮助、互相爱护、互相关心，也就没有了善，没有了善，就没有了政治。最大的不讲政治，就是一个共同体内部的互相利用、互相迫害、互相举报、互相仇杀。

"要团结，不要分裂"，最大的破坏党的行为，就是分裂。

因为这种"起承转合"，中国共产党走向了成熟，红军走向了成熟，中国革命走向了成熟。

从中国革命这种"起承转合"的大势来看，陕北革命对于中国革命的转变具有极为重要的意义。特别是西北地区党和军队的领导人，经历了王明"左"倾教条主义路线和张国焘机会主义路线的残酷迫害，对于这两条错误路线的认识是刻骨铭心的，而对于毛泽东同志的正确路线的认识，同样是刻骨铭心的。在秋收起义、井冈山道路走出来的革命战友大部分牺牲的情况下，西北的革命同志，就这样成了毛泽东正确路线的坚定拥护者。如果不是在陕北，如果没有西北革命领导人的全力支持，毛泽东后来在延安发动整风，与莫斯科派来的布尔什维克进行斗争，纠正党的错误，势必会是艰难的。

正是在陕北，党实现了前所未有的团结。陕北时代，甚至是毛泽东本人的性格发生重要转变的时期。贺子珍后来曾经回忆说，遵义会议之后，特别是瓦窑堡会议之后，毛泽东的性格是有很大变化的。此前，他困惑于自己的主张正确，而往往不被同志们所接受，因此而苦闷，乃至焦躁；遵义会议之后，特别是长征到达陕北之后，毛泽东变得更为细致、更为温和、更加有耐心，乃至更加幽默，对同志更加包容。他更为深刻地认识到，党内的分歧，应该通过耐心细致的批评与自我批评来解决。尤其重要的是，他深刻地认识到，肃反那一套，对同志进行残酷斗争、无情打击那一套，对于党的伤害极大，共产党要前进，就必须处理好阶级斗争与民族斗争之间的关系，阶级斗争不能扩大化，尤其不能扩大为党内和无产阶级内部的残酷斗争、无情打击。正是在陕北，毛泽东成为党的团结的象征，也正是在陕北，毛泽东终于得到了全党同志的一致拥护与衷心爱戴。

一方水土养一方人，马克思主义与中国实际的结合，首先是与中国这一方水土的结合，特别是与中国革命的落脚点、出发点——陕北这方水土的结合。

毛泽东说，马克思主义能结出什么样的果实，关键在于我们脚下的土地。一方面军到达陕北时不过八千人，现在我们的几十万军队、两百万党员，就是在陕北这块黄土地上长出来的。

究竟什么是陕北的性格？什么是陕北革命者区别于一般革命者的比较特殊的性格？这种性格，又是怎样融入了中国革命的性格，怎样改变了、塑造着中国革命的风格？

实际上，许多人都曾经带着这样的问题，不远万里访问过陕北，其中就包括斯诺和他美丽的夫人海伦，还有萨特和波伏娃——这一对良知与思想情侣、战友，而无论是斯诺《西行漫记》还是波伏娃的《长征》，都包含着对这个问题的思索与探究。

两年前，我也是带着这样的问题，第一次访问陕北，集中到访了榆林、吴堡、米脂、绥德这些充满传说的地方，接触了鼻音浓重、庄重幽默、保守浪漫的陕北人，天天吃着"黄灿灿的油糕热腾腾的馍"，听着信天游，在黄土高坡上奔驰了一个星期。

当中国共产党建党一百周年的时候，我日益感到，陕北革命与中国革命，陕北的性格与中国革命的性格——这个"普遍性与特殊性"问题，对于理解中国共产党苦难辉煌的历史，对于理解中国革命波澜壮阔的历史，极其重要。

这是打开中国革命的普遍性与特殊性之间关系的钥匙，是理解陕北被称为中国革命"落脚点"与"出发点"的关键所在。

八　结合

什么叫落脚点，什么叫转折点、出发点？

红军长征到达陕北之后，最根本的改变，就是环境的改变。这里的环境，不仅是指此地天高地阔、地广人稀的自然环境，更是指人的环境，指由陕北性格造成的人文环境。

陕北人有独特的性格，那是兼具草原的奔放与中原的保守为一体的性格，是兼具高原的自由与黄土的局促为一体的性格，这两种看似对立的东西一旦结合，便形成智慧：讲政治，不能只讲斗争，不讲团结。这是中国的常识，但不是西方的常识。

中华文明的特点，首在和谐，和而不同，这是中华文明追求的境界。

西方文明的特点，在竞争与斗争。马克思说，与"亚细亚所有制形式"不同，希腊是一个战争与掠夺的共同体；而自启蒙运动以来，"为唯一真理而斗争"，孕育了西方文明的革命精神，是西方文明最为灿烂之处。

讲批评与自我批评，讲互相关心、互相爱护、互相帮助，中华文明方才讲王道；讲竞争、斗争，残酷斗争、无情打击，于是西方文明讲霸道。

1840年以来，西方以它的霸道，击溃了中国的王道，也用西方的斗争哲学，深刻改造了中华文明的温柔敦厚，物竞天择，适者生存——这是中国人学到的最早的现代话语。

先进的中国人，从西方人那里学来学去，根本上是学会了斗争哲学。不过，事情也可以这样看——严复以来，中国跟着西方讲竞争和物竞天择，而在新文化运动之后，中国开始讲互助合作，正是沿着互助合作这个方向，才走向了"劳工神圣"，进而走向了社会主义。

五四后期，何孟雄曾经问李大钊：马克思既然说，一切人类历史都是阶级斗争的历史，如此看来，难道要这么一直斗下去吗？李大钊的回答是：阶级斗争是手段，是达到人类互助的手段，阶级斗争不是目的，团结互助才是目的，阶级斗争，当然不是一直斗下去。李大钊这样讲马克思主义，与苏联的讲法不同，这是中国的马克思主义。

西方文明最大的特色就是竞争与斗争，近代以来，西方可谓斗遍天下无敌手。资本主义，是西方文明结出的果子，其核心就是弱肉强食，残酷竞争。

优胜劣汰、适者生存，比的是谁比谁更强、更狠。两次世界大战之后，西方并没有解决问题，政党林立，党同伐异，恐怕是西方最大的政治问题，特朗普与佩洛西之间的仇恨，恐怕要超过他们各自对中国的仇恨。西方政治，外斗厉害，内斗更厉害。走向自己斗自己的内讧与内卷——这个问题，在西方的"斗争哲学"里，基本上是无解的。

现代中国人，跟着黑格尔、马克思和列宁，学会了斗争哲学，学会了民族斗争和阶级斗争，学会了"为了真理而斗争"；也跟着斯大林翻跟头，犯错误，学会了阶级斗争扩大化和党内斗争扩大化。然而，中国共产党并没有像美国和苏联那样，把斗争扩大化进行到底，而是在千钧一发之际，把它纠正过来了。

中国共产党为什么能？我们为什么能纠正自己的

错误？

因为在西方的斗争哲学里无解的问题，在中华文明这里是有解的。因为中华文明自身，有强大的辩证法的力量。

"革命"这个词，在中国与西方意思不同。

"周虽旧邦，其命维新"，革命在中国的意思是："推陈出新""革故鼎新"，而不是打翻一切，斗倒一切，否定一切，不是全面内战。

和而不同，团结互助，终归是中华文明的底子，中华文明宽厚的底子，在人类历史上最为危机和残酷的时代，也还没有被淘洗殆尽。

与战争——掠夺的共同体不同，"亚细亚所有制形式"，讲的是大家搭伙过日子，一个都不能少。文明基因不同，造成人心不同，性格不同。

中国人对于搞绝对化，对于纯而又纯，对于搞"百分之百的布尔什维克主义"，天然地难以接受。

为什么要讲延安道路？为什么要一次次重访陕北？这里有很多原因，但其中一个原因最重要——在我们党的历史上，残酷斗争，无情打击，为纯而又纯、百分之百的布尔什维克主义化而斗争——这一套把戏，就终结于陕北。

为什么中国革命的落脚点、出发点是在陕北？简而言之，因为陕北是中华文明的沃土，这里中华文明的基因很厚，这个基因，造成了陕北特殊的性格，这个性格，最终影响了中国革命，重塑了中国革命者的性格，最终使得马克思主义的斗争哲学，与中华文明的包容精神，紧密地结合在了一起。

十个指头不会一般齐，以不齐为齐。

斗争的目的是团结，离开"统一战线"，就将一事无成。这套辩证法，正是在陕北被重新高扬起来。把武装斗争与统一战线结合起来，把斗争精神与团结精神结合起来，把追求真理与修正错误结合起来，把基本原理与中国实际结合起来，实现这样的伟大转变，首先是在陕北。

大革命时代，中共比较偏右，土地革命时代，比较偏"左"。中共的陕北的时代，则实现了这两种片面的自我革命，用毛泽东的话说，就是能做到"不左也不右"。

真理与错误，团结与斗争，普遍与特殊，武装斗争与统一战线，这些关系都是辩证的。

中流击水，又能做到中道而行，这太不容易了。

党的优良作风，是良风美俗的核心，良风美俗，是人心所向。

因此，毛泽东说，共产党与国民党争的不是政权，而是人心。

今天的世界是竞争到了"内卷化"的世界，而我们到陕北寻找什么？就是要寻找良风美俗，就是要寻找世道人心，就是要寻找团结互助，就是要寻找斗争精神与团结互助的结合点。

陕北的革命者，是有着这样一种特殊性格的革命者：他们不乏理想，却更为实际；热爱斗争，而又重视人情；坚强，且又宽厚；思想很现代，却看起来土里土气、土头土脑——陕北的性格，就是这样充满了辩证法。

革命是斗争，陕北人当然也好斗，但是，陕北人却很少斗自己人，为什么？

斗争止于乡党，这就是"秦法政"，是商鞅为子孙后代设立的法的边界——怯于私仇，勇于公斗。

"百代都行秦政法"——毛泽东在新的历史条件下，在陕甘宁，重申了这一点。

陕甘宁是边区，它更是一个"边界"，是个思想的边界。

在这里，毛泽东同志这样告诫中国共产党党员：同志们，大家不要看不起这个边区。正如他告诫我们党——思想和真理不能没有边界，而斯大林犯的错误，就是斗争无边界，这种错误，中国共产党不能再犯。

什么是边界？怎么叫有边界？从哲学上说，就是要区分"认识论的表象"与客观世界的发展规律。

对于党的建设来说，这个边界就是：在无产阶级内部，在革命者内部，在共产党内进行斗争，不能采取残酷斗争、无情打击的方式，而斗争的范围，不能无限扩大，革命斗争不能超出民族斗争和阶级斗争的范围；而在阶级内部，在党内必须采用批评与自我批评的方式，必须采用团结—批评—团结的方式——这是毛泽东的觉悟，或者说，是他反复挨整之后，产生的觉悟。

关于真理与错误，毛泽东说：有人说我万岁，本人今年52岁，我犯过许多错误，在共产党内，没有犯过错误的人，可以说是一个都没有。犯错误有一个好处，就是知道去改正错误，因此，我们的方针是，坚持真理，修正错误。他还说：党的代表大会，我是一三五都参加，二四六都没资格参加，我们党内不公平的事，有很多，只能是逐步变得公道一些，将来还是会有不公道，所以说——坚持真理无止境，修正错误无止境。

当斗争与宽厚结合在一起，当理论与实际结合在一起，当南方与陕北结合在一起，当现代与传统结合在一起——它表现为中国革命的成熟。

当马克思主义的斗争哲学与中华文明的包容精神辩证结合起来，这就是马克思主义的基本原理与中华文明的优秀成分结合起来。

真正的成熟，是思想的成熟——对于一个党、一个国家、一个文明来说，就是如此。

走向成熟，极为艰难。苦难辉煌，反复多次。

第一，需要有思想；第二，需要敢于为思想、为真理而斗争，而牺牲；第三，需要清醒地思想，需要具体地、细致地、辩证地思想——需要为判断划出具体的、细致的、辩证的边界。

重访陕北，重访中国革命，我们能想到什么？

陕北是家，是革命者的共同体，家是温暖的，家是母亲。互相关心、互相帮助、互相爱护，这是革命的共同体的味道，是家的味道，是母亲的味道。

"我们都是来自五湖四海，为了一个共同的革命目标，走到一起来了。"

政治是共同体。革命的目标，是为了公共的利益，团结起来，为了共同体的利益——为了人民的利益，团结起来，去争取胜利。

我想到了在陕北窑洞里写作、在黄土高原上演讲的毛泽东，想到了毛泽东思想，究竟在什么意义上被称为"思想"。

革命是文明，是造成人类文明的新形态，革命是思想，革命不是野蛮。

鲁迅说，革命不是为了让人死，而是为了让人活。毛泽东说，阶级斗争，是消灭人弱肉强食的手段，目标乃是人类的互助。他还说，批评的目的是团结，而不是置人于死地。

教条主义的危害，一是不看现实，二是不讲民主，甚至把马克思主义与民主对立起来。中国化的马克思主义，一是立足中国现实，二是讲民主，主张解决党内、人民内部矛盾的办法是批评与自我批评，靠说服教育，不能搞"残酷斗争，无情打击"。1957年，毛泽东回顾陕甘宁时代反对教条主义的斗争时说：

> "左"倾教条主义从前采用的党内斗争方法叫做"残酷斗争，无情打击"。这是一个错误的方法。我们在批评"左"倾教条主义的时候，就没有采取这个老方法，而采取了一个新方法，就是从团结的愿望出发，经过批评或者斗争，分清是非，在新的基础上达到新的团结。这个方法是在一九四二年整风的时候采用的。经过几年之后，到一九四五年中国共产党召开第七次全国代表大会的时候，果然达到了全党团结的目的，因此就取得了人民革命的伟大胜利。在这里，首先需要从团结的愿望出发。因为如果在主观上没有团结的愿望，一斗势必把事情斗乱，不可收拾，那还不是"残酷斗争，无情打击"？那还有什么党的团结？[1]

"天下大势，合久必分，分久必合"，背后的原因，

---

[1] 毛泽东《同藏族人士的谈话》，中共中央文献研究室编《毛泽东文集》第七卷，人民出版社，1999年，第6页。

一是不平衡，二是矛盾和矛盾的多样性。因为不平衡，所以有矛盾的多样性。因为不平衡，每个地区又都有其特点，因此也都有其优势。解决不平衡的办法，不是简单的中央集权一刀切，而是充分调动各方面的积极因素。

矛盾，有敌我矛盾和人民内部矛盾。处理党内和人民内部矛盾，必须采用民主的办法。

解决中国发展不平衡的办法是什么呢？毛泽东说，就是充分调动一切积极因素的方针。1956年，他在《论十大关系》中说，"为了人民民主革命的胜利，我们就实行了调动一切积极因素的方针。现在为了进行社会主义革命，建设社会主义国家，同样也实行这个方针"[1]。

同年，他在《同藏族人士的谈话》里讲如何调动西藏的优势，他说，"西藏是个了不起的地方，占全国面积的八分之一。我同达赖说过，不要以为西藏落后，地方小，西藏地方可不小。西藏如果不参加祖国的大家庭，这个家庭的事便不好办了，西藏在祖国大家庭里占有很重要的地位"[2]。

毛泽东说，"我们的目的是使大家都发展起来"，办

1 毛泽东《论十大关系（一九五六年四月二十五日）》，中共中央文献研究室编《建国以来重要文献选编》第八册，中央文献出版社，1999年，第243页。

2 毛泽东《同藏族人士的谈话》，中共中央文献研究室编《毛泽东文集》第七卷，人民出版社，1999年，第6页。

法就是调动一切积极因素，每个地方包括西藏，都有别人没有的优势，关键是认识自身的优势，发扬这种优势。总之，大家都发展起来，靠的就是发挥各方面的优势与特点，而不是按照一个标准，纵向地去排队。

"遍地火光满城血，无非一念救苍生。"人类血战前行的历史，仿佛煤的形成，真正的"干货"，不过是那么一小块而已。我想把这种"血的哲学"讲出来，但在一本小册子里，这显然是做不到的。

有一两个人能因此而会心，有所感悟或感同身受，我的努力，就算没有白费吧。

后　记

　　2019年冬，中央党校在榆林开会，研究毛主席、党中央转战陕北的历史，命我参加，到榆林后，我提出要沿着当年转战陕北的路走一走，当时天寒地冻，行路难，遂约定来年上路。

　　"秋风度河上，大野入苍穹。佳令随人至，明月傍云生。"2020年秋天，北京早春文化的朋友和榆林党史办的任强同志成就了我的心愿，他们邀请刘统先生和我重走转战陕北的路，这一路行走，许多感慨，都写在这本书里。

　　陕甘宁者，秦汉之上郡、陇右也。其南通巴蜀，西经河西走廊、西域而开丝绸之路，一千多年，此地是关中京畿之辐辏，天下之枢机。

　　自隋炀帝开运河，中国发展大势转向，加之宋代丝绸之路断绝，上郡、陇右便随着秦皇汉武，仿佛永远地留在了李白、杜甫的诗篇里。随时势流转，山高皇帝远、地广苦人多的西部，除了贫困与淳朴便一无所有了。

　　1935年，中国工农红军经腊子口出巴蜀，在哈达铺开会，毛泽东从神木人贾拓夫处知道，再往前走就是贾拓夫的家乡，那里有陕甘边根据地，有刘志丹、习仲勋和高岗的队伍，"六盘山上高峰，红旗漫卷西风。今日长缨在手，何时缚住苍龙"，向着上郡、陇右去，光明在前，毛泽东知道，红军要出头了。

就这样，毛泽东的队伍进入陇右，在榜罗镇，与徐海东会合，在那里，中央开会，批判检讨极左路线，果断结束了陕北的肃反，中央红军沿陇右而至固原，直驱吴起镇。

"千家万户哎嗨哎嘿哟，把门开哎嗨哎嘿哟，快把咱亲人迎进来，伊儿呀儿来吧哟"——尘封千年的历史就此打开，满面红尘的中国共产党人就这样走进了周秦汉唐的龙兴之地，被黄土覆盖的上郡、陇右，也就此有了新的名字——陕甘宁。

在陕甘宁，毛泽东曾经说，我们要对得起自己的历史、对得起自己的祖宗。他还说，孔夫子也是"革命党"，从孔夫子到孙中山，我们都要继承。

这个书名——"风起陕甘宁"，直白地说，一是指造成黄土文明的大风，二是指中国革命形成的共产党人的优良作风。

什么是"优良作风"？

简而言之，我个人理解，那就是自己小米饭还吃不饱，却操心着天下兴亡、亿万苍生。

我想把这四个字，掰开揉碎，把它放在古今中外的历史上，放在共产党的奋斗史上，放在心里，一个字一个字地琢磨。

有人说，如果人能复生，他自己愿意再生于盛唐。我问他，那你想再生于盛唐的什么地方？

不会是西安的大唐芙蓉园吧？

如果我能够有来世，我愿意复生于唐之陇右与上郡，我愿意再生于陕甘宁，我愿意在抗大骑马，在延河边散步，在寒风里听毛泽东演讲，交许多的朋友，做一个游击队员，最好能遇到王学文、拉铁摩尔，还有张思德，我还希望遇到海伦·斯诺，没有一个好莱坞明星比她更美。

如果有来世，我愿意做一个种小米、打鬼子、心里想着天下穷人的游击队战士。

吃着小米饭，操着天下心，共产党的陕甘宁时代，就是这样吧。

我想，如果世上容不下这样的人，我也愿像当年的丁玲那样——去投延安，即使爬也要爬到延安去。

去年，刘统先生去世了，原本和他约好了，疫情结束后再去陕甘宁，现在，是再也不能够了。

西方哲学的祖宗柏拉图，曾引用苏格拉底的话说，哲学就是"记忆"，就是对"前世的记忆"。灵魂不死，所谓哲学活动，无非就是"招魂"。

邓广铭先生说过，研究历史，其实就是"发思古之幽情"。什么是"思古之幽情"？那就是带着个人情绪、情感血丝的鱼鳞状的记忆碎片而已，如鲁迅在《呐喊·自序》中所说，"我年轻时候曾经做过很多梦，如今大都忘却了，而没有忘却的部分，就是《呐喊》的由来"。

死去的人，活在我们的记忆中，这就是所谓灵魂不死吧？

岁末已至，如今离我第一次访问陕北，已经过去四年，大疫之下，忽而想到——人总不能四年彷徨，劳而无功，一事无成。即使农民种地，也总要有点收获才是，正是这种功利的打算，使我把这些碎片归拢起来，如同用一根粗线穿珠——我想，不管是不是珠，不管能不能穿在一起，但收拢一下曾经的思路，总比一盘散沙随风而去要好一点、有一点意义吧。

即使满纸荒唐。

即使下笔万言，离题不啻千里。

姑妄听之，由它去吧。

大风起兮陕甘宁，不忘初心，魂兮归来。

感谢宗仁发、宋志军、常绍民、何奎、孔令燕诸同志帮助发表本书的部分篇章，感谢黄志坚同志为本书作序。